COLEÇÃO SIMPÓSIOS IJUSP
VOLUME III

TECNOLOGIA & ALMA

SATTVA EDITORA

contato@sattvaeditora.com.br
www.sattvaeditora.com.br

Editora: **Vivian Lerner**

Projeto gráfico, diagramação e capa: **Luiz Zonzini**

Revisão: **Ademir Barbosa Júnior**

Tecnologia & Alma

IJUSP
Diretor presidente: Ricardo Pires de Souza
Diretor financeiro: David. P. Butler
Diretora de ensino: Zilda M. P. Machado
Diretora administrativa e de comunicação: Márua R. Pacce

Catalogação na Fonte: Carlos Artur Aguena - CRB 8 - 4770

T255 Tecnologia & alma. / organizadores Irene Gaeta, Paola Vietas Vergueiro. São Paulo: Sattva Editora, 2020. (Coleção Simpósios IJUSP, 3)
XX p.

Vários autores.
Bibliografia.
ISBN 978-65-86420-00-5

1. Psicologia analítica 2. Psicologia clínica 3. Tecnologia e psicologia I. Gaeta, Irene. II. Vergueiro, Paola Vietas. III. Série.

CDD - 150.1954

COLEÇÃO SIMPÓSIOS IJUSP
VOLUME III

TECNOLOGIA & ALMA

ORGANIZADORAS:

Irene Gaeta
Paola Vietas Vergueiro

SATTVA EDITORA

IAAP International Association for Analytical Psychology

ASSOCIAÇÃO JUNGUIANA DO BRASIL

IJUSP Instituto Junguiano de São Paulo

2020

ÍNDICE

Parte 2 - tecnologia e relações na contemporaineidade

PREFÁCIO

Este livro celebra os 25 anos do Instituto Junguiano de São Paulo. É o terceiro livro da Série *Simpósios IJUSP*, que se destina a publicar os trabalhos apresentados nos seus Simpósios anuais. Este número é produto do XI Simpósio, cujo tema "Tecnologia e Alma" convida à importante reflexão sobre a relação entre tecnologia e psique na atualidade, contando com a Psicologia Analítica para colaborar com suas reflexões.

A investigação da palavra prefácio (pré - antes; *fatio* - fazer), que remete ao sentido de fazer antes, ou iniciar, suscitou dúvidas sobre a minha função ao prefaciar este livro. Afinal, se o Prefácio é feito depois dos trabalhos que constituem um livro, como realizá-lo da melhor maneira? Ao acolher as produções que espontaneamente emergiram do XI Simpósio e observar sua face, compreendi que sua heterogeneidade traduz um conjunto de demandas, emergências, que têm valor justamente por suas diferenças.

Pretendo iniciar esta tarefa abordando o tema central do livro: "Tecnologia e Alma". Das raízes gregas τεχνικός = tekhnikós e λόγος = Lógos, surge a palavra tecnologia.

Tekhnikós significa o processo de produzir algo, seja ele um objeto de arte, artesanato ou um ofício. Mais do que isto, remete também à sua dimensão teórica, uma forma de conhecimento. A palavra Lógos significa razão ou princípio de inteligibilidade. Na filosofia aparece como princípio mediador entre o mundo sensível e o inteligível, força divina ou criadora que organiza o mundo. Na teologia, como Cristo ou o Verbo de Deus, segunda pessoa da Trindade.

Uma primeira forma de pensar sobre o tema, portanto, pode nos remeter à investigação das relações entre significados etimológicos, arquetípicos e a atualidade. A Psicologia Analítica tem esta particularidade, oferecendo possibilidades férteis de exploração e instigando à proposição de questões. O que a tecnologia ensina sobre nós, e o nosso tempo? A técnica e o Logos, que se manifestam hoje massivamente na tecnologia, são detentores e/ou destruidores da alma? De que forma podemos compreender os fenômenos da atualidade e promover a ligação salutar da alma humana com a tecnologia?

O XI Simpósio do IJUSP mostrou que tão revelador quanto tratar das questões cotidianas da clínica, da sociedade e da cultura é dedicarmo-nos às nossas bases teóricas, ontológicas e epistemológicas. Afinal, estamos enraizados em fundamentos – concepções da realidade – que sustentam nossa vivência e ação. Entre as raízes e a copa – as bases e sua expressão (uma via de mão dupla) – constituem-se estes estudos, cujo conteúdo talvez traduza não só demandas dos autores deste livro, mas da coletividade.

Como tecelões da atualidade os junguianos acompanham as mudanças do seu tempo urdindo novos tecidos, reflexões, que atendam às inquietações da alma. Para fazê-los, revolvem e reveem as bases da Psicologia Analítica. Revisitam Jung, os pós-junguianos e recorrem à interdisciplinaridade que engendra a Psicologia Analítica. As novas produções propõem leituras, debates teóricos e práticos acrescentando ao campo da Psicologia Junguiana. Afinal, diante de uma realidade em permanente mudança, como seria possível guiarmo-nos da mesma forma que sempre fizemos?

Cientes dos desafios e da potência que a Psicologia Analítica guarda para colaborar com essa tarefa, os autores discutem o tema e propõem reflexões que, seguindo os princípios junguianos, não costumam indicar caminhos unívocos, mas ampliar os recursos para a compreensão e ação na dimensão psicológica. Originais e diferentes entre si, os capítulos deste livro se assemelham e se opõem. Assemelham-se ao visitarem Jung e referenciarem-no. Opõem-se em seus objetivos, articulações e focos conceituais. Sua unidade?

Dadas as diferentes escolas junguianas, os subtemas abordados e as interfaces com outras áreas do conhecimento, não se observa entre os trabalhos uma unidade no sentido de igualdade. Há mais aqui de referências comuns, estruturas de compreensão básicas que por vezes se repetem. Apresentam-se como tessituras diversas, multicoloridas e criativas cuja estrutura apresenta, por vezes, pontos e laçadas iguais. As aproximações e distanciamentos, semelhanças e multiplicidades compõem uma soma de tecidos feitos de fios, materiais, cores e texturas variadas que parecem um patchwork. Da mesma forma que cada tecido se comporta de maneira particular e serve a propósitos distintos, apresentam-se os capítulos deste livro, com focos particulares e, por vezes, opiniões distintas sobre o mesmo tema.

As diferentes tramas criadas pelos autores constituem corpos de compreensão, cuja identidade nos transporta, mobilizando e conduzindo a novos olhares. Ao tecerem, entretecerem e trançarem ideias, criam novas alternativas para a psicologia analítica. As novas formas relacionadas à dimensão psicológica desafiam o leitor ao reencontro com os seus conhecimentos e com outros novos, desvelando potências antes desconhecidas.

Em função disto, nessas expedições os autores tecelões provocam os leitores a navegarem em ideias e ampliarem reflexões sobre a relação entre tecnologia e alma. Lançam novas articulações, afastando-os do lugar comum e da comodidade. Do latim lanceāre «manejar a lança» guarda também os sentidos de arremessar com força; atirar; arrojar; expelir; exalar; espalhar. Revela, portanto a ousadia, a coragem necessária para a atualização dos recursos para lidarmos com a vida. Tais viagens apresentam experiências inesperadas, porque a vida é assim!

A primeira parte do livro, "A alma na atualidade: olhares em perspectiva", apresenta capítulos que se debruçam sobre formas de compreender a realidade atual, considerando diferentes perspectivas ontológicas e epistemológicas.

Eu, Paola Vieitas Vergueiro, estudo o conceito de si-mesmo proposto por Jung, em Aion. Nesse livro Jung trata do si-mesmo como simultaneamente estrutural e dinâmico, um campo comum de estrutura e energia que une sujeito e objeto, ego e outro, ontogênese e filogênese. Como um conhecimento "a priori", que liga eventos sem base causal refere-se à potência, à sustentação para o que, no sujeito, existe em comum com o mundo, com as bases do ser. Nesta obra, Jung propõe um movimento circular do si-mesmo que atravessa diferentes níveis e opera tanto na psique individual como coletiva. Com base no estudo destes níveis, levanto uma hipótese de compreensão sobre a contemporaneidade, associando-a ao quatérnio do Lápis (Lapis/Rotundum), que se refere ao domínio da energia, cujo conhecimento tem favorecido o desenvolvimento de recursos tecnológicos. Ressalto, neste sentido, que na teoria junguiana o próprio Self se transforma, e seus movimentos para a realização da integridade – que podem ser observados nas manifestações dos símbolos da atualidade - traduzem uma mudança paradigmática em curso.

Rubens Bragarnich trata dos resultados da evolução histórica e econômica, como uma tendência inexorável para a objetividade, racionalidade, previsibilidade e controle, que mudou a relação do homem com a natureza e a cultura, trazendo desafios para a psique coletiva. Equaciona operacionalmente a tecnologia como composição da techné grega + logos (ciência) + indústria. Considera que este conjunto articulado chamado genericamente de tecnologia pode desfavorecer a conexão com a alma humana. Propõe um paradigma de feição alquímica para contemplar as complexidades da relação tecnologia-alma, que segue celeremente seu curso, apontando para cenários distópicos e perturbadores.

Amneris Maroni demonstra que nosso estatuto da realidade não é universal e se transforma. Afirma que nas últimas décadas os antropólogos trouxeram à tona ontologias diversas e, com elas, múltiplos "pressupostos sobre o que existe". Enfatiza a crise da ontologia moderna ocidental, apontando para a ruína das nossas bases conceituais que, desde a modernidade, distinguem as ordens cosmológicas e antropológicas, as histórias humana e natural e situa as obras de Jung e Simondon nesse cenário.

Para Marcus Quintaes, a atualidade não é mais como era antigamente - e o futuro já está entre nós. Considera a contribuição do analista junguiano Wolfgang Giegerich imprescindível para nos ajudar a pensar as novas ordenações simbólicas contemporâneas. O autor afirma que a consciência nos é dada sempre pela era em que vivemos, e trabalhar com a vida lógica da alma implica reconhecer que a alma está na lógica que move o mundo e que se manifesta nos principais fenômenos do nosso tempo. Considera que a psicologia junguiana tem a obrigação de reconhecer que a alma em nosso mundo contemporâneo funciona em um nível diferente, muito mais lógico e abstrato do que em qualquer outro momento da história.

Na segunda parte do livro, "Tecnologia e relações na contemporaneidade", os capítulos tratam das relações contemporâneas observando, à luz da Psicologia Analítica, a forma de nos relacionarmos com nós mesmos, com pares amorosos, com o mundo – e seus reflexos na clínica.

Irene Gaeta questiona se a tecnologia está a serviço da alma, na atualidade. Debruça-se sobre a qualidade das relações contemporâneas, refletidas nas ferramentas e nas imposições/prescrições cada vez mais formais e estabelecidas por códigos para nos relacionarmos. Explora a experiência arquetípica e sua relação com a tecnologia e com a individuação, à luz de diferentes autores de referência da Psicologia Analítica, investigando, em especial, os movimentos de integração dos aspectos masculinos e femininos presentes.

Luciana Ximenez reflete sobre a importância que a sociedade atual atribui à alma e aos conteúdos inconscientes. Considera que o excesso de informações, a busca de excessiva clareza e a forma como a tecnologia vem sendo utilizada tem estreitado a consciência humana. A falta de contato com os Deuses atinge diretamente a relação com os corpos que, excluídos da sua subjetividade, são atingidos física e psiquicamente, adoecendo. Propõe a abertura de canais de comunicação do ego com o inconsciente e com o mundo de forma imaginal e metafórica, que acolha a presença de Eros.

Daniela Laskani embarca no desafio de discutir sobre distância, relacionamentos e suas metáforas. Pela perspectiva arquetípica nos devolve a possibilidade de imaginar sobre o tema de uma forma multifacetada, politeísta, campo de todos os deuses. Não propõe a redução do relacionamento a uma distância, mas a abertura à distância necessária para a manutenção da tensão que o erotismo exige para o espaço imaginativo. A tecnologia, nesse olhar, só pode ser patológica quando privada de alma, em sua forma literal, ao invés de poder ser imaginada, animada.

Cristiane Adamo e Denis Canal Mendes visitam Jung e outros autores que tratam da atualidade tecnológica. Exploram os dilemas da atualidade. Guiam sua investigação pelas questões: O que foi deflagrado pela web? A imagem virtual, o computador e as conexões wi-fi se tornaram tão necessárias? Que "entidade" é esse novo "Sistema"? O que buscamos neste campo virtual e qual o espaço que ainda existe em relação à Alma? Por fim, exploram passagens do *Liber Novus* que desvelam ensinamentos sobre os caminhos a serem trilhados para se resgatar o contato com a dimensão profunda da existência.

Paula Perrone ressalta a falta de interiorização promovida pelo surgimento da sociedade pós-industrial. Volta-se ao estudo da meditação como uma via de encontro com o sagrado. Trata desta prática como um trabalho espiritual, revelando as consonâncias entre o processo de meditação e a individuação, na perspectiva junguiana. Apresenta a meditação de origem hinduísta, entre outros aspectos, como ascese propiciadora da escuta do ser pelo aprofundamento da interioridade e consequente conquista da ampliação da consciência de si e do mundo.

Claudia Romscy afirma que, em decorrência do avanço tecnológico, impõem-se mudanças nos atendimentos clínicos. Destaca a importância da aproximação aos avanços tecnológicos por parte dos profissionais e pais, para compreenderem melhor seus pacientes e filhos. Descreve casos em que a ação clínica leva em consideração a realidade tecnológica atual, o que leva a uma atualização da psicologia analítica.

Os diferentes trabalhos têm momentos de consonância e dissonância, constroem trajetos particulares e releituras diversas de Jung. Assim, lançam luzes sobre diferentes aspectos da alma humana e da realidade que ela enfrenta hoje, traduzida e/ou (?) desafiada pela tecnologia.

Esta multiplicidade de temas demonstra a relevância da teoria junguiana na compreensão da contemporaneidade, oferecendo ao leitor diferentes formas ler e aplicar a Psicologia Analítica. Entre os conhecimentos da atualidade, das experiências vividas como analistas e cidadãos, recursos teóricos e a prática, os junguianos vivem em permanente investigação da realidade em suas múltiplas formas e dimensões. Sabem, de antemão, que tanto o ato de viver como de aventurar-se no universo do conhecimento demanda coragem para se lançar em direção ao novo, o que contempla, inclusive, enfrentar os seus limites. Descobrem novas formas de compreender que oferecem recursos para novas ações. Considerando estas dimensões como intimamente ligadas, à moda de Jung, fazem neste livro uma bela combinação de tecidos visando responder às demandas prementes da atualidade.

Cada trabalho revela um pouco da comunidade junguiana, como tecelã permanente de teoria e prática, criando novos recursos para lidar com a realidade psicológica. Se, de um lado, seguimos para o futuro revisitando mitos, de outro escrevemos a história atual movidos pela criatividade inerente à psique. Esta é uma das marcas dos junguianos: a permanente investigação das relações desconhecidas entre passado, presente e futuro, nos instigam a continuarmos nossas pesquisas e colaborações com outras áreas do conhecimento.

Por fim, aproveito para manifestar minha satisfação ao prefaciar este livro. Não só pelo orgulho em realizar uma tarefa de tal relevância, mas antes e mais que tudo, porque o desafio de fazê-lo é pulsante. Ouvir a apresentação oral dos trabalhos durante o XI Simpósio provocou minha curiosidade, mas a leitura vagarosa e atenta aos seus detalhes me presenteou com muito mais. A liberdade de ler com tempo os trabalhos se mostrou fundamental para que eu pudesse me inteirar da sua riqueza, e transformar minha forma de pensar os diversos temas apresentados. Considero este fator "tempo" importante para qualquer estudo. Os livros oferecem esta liberdade, permitindo o manejo da leitura em ritmo adequado a cada leitor e propiciando a releitura, a reverberação das ideias em sua multiplicidade, o que permite a geração de conexões e sentidos. Em função disto me parece muito mais produtiva a leitura dos trabalhos escritos. Curiosamente "o tempo da atualidade" é um dos temas intensamente abordados pelos autores deste livro, o que faz da sua leitura uma oportunidade de revisitá-lo.

Paola Vieitas Vergueiro

PRÓLOGO

Aquele para quem
O tempo é como a eternidade
E a eternidade é como o tempo
Livre está de qualquer conflito
Jakob Bohme

Devido ao desenvolvimento tecnológico e da Internet, todos os tipos de fronteiras, sejam elas culturais ou políticas, tornaram-se indistintas. Essa ampliação de fronteiras não vem sendo acompanhada, contudo, de atitudes responsáveis em relação ao todo - à ecologia e à distribuição de riquezas. O desafio será tornar o mundo globalizado mais flexível e socialmente responsável, assim, questões importantes como o meio ambiente e o esgotamento de recursos naturais receberão maior atenção.

Como chegamos a esse cenário no ano de 2020? Quais foram as revoluções que nos conduziram ao avanço tecnológico?

A primeira Revolução Industrial, surgida na Inglaterra no fim do século XVIII, mudou o paradigma mundial ao acelerar esse processo, que era totalmente artesanal, com o uso de carvão, das máquinas a vapor e do ferro. A segunda revolução industrial, no século XIX, teve como protagonista a eletricidade, a química e o petróleo. Desse modo o período foi marcado pela massificação da manufatura e do desenvolvimento de tecnologias como o avião, os refrigeradores, os alimentos enlatados e os primeiros telefones.

A terceira revolução industrial, mais próxima das gerações atuais, na segunda metade do século XX, tornou a informação uma importante matéria prima. Os primeiros computadores surgiram e aumentaram a velocidade para a realização de qualquer processo científico. Portanto, avançou-se em todas as áreas do conhecimento.

O mundo passa por uma transição e está no início da quarta revolução industrial, ou da chamada Indústria 4.0. O professor alemão Klaus Schwab, fundador do Fórum Econômico Mundial, desenvolve a ideia de que já vivemos nessa Nova Era. *"Estamos a bordo de uma revolução tecnológica que transformará fundamentalmente a forma como vivemos, trabalhamos e nos relacionamos. Em sua escala, alcance e complexidade, a transformação será diferente de qualquer coisa que o ser humano tenha experimentado antes."*

Ainda é cedo para prever todos os impactos causados pela quarta revolução industrial. Mesmo assim, é possível afirmar que, em alguns anos, nossa vida será muito diferente do que é hoje, assim como ela já é totalmente distinta do que era há uma década.

O XI Simpósio de Psicologia Junguiana do Instituto Junguiano de São Paulo, realizado nos dias 02 e 03 de agosto de 2019 teve como tema **Tecnologia e Alma**. As palestras trouxeram reflexões importantes que, ao longo desta obra, poderão ser compreendidas.

Que tipo de mundo está sendo criado com a tecnologia? Estão sendo geradas circunstâncias que aumentam as possibilidades de crescimento para a humanidade, em termos de liberdade, sociabilidade, inteligência, criatividade e autorregulação? Ou está ocorrendo o contrário? Essa nova fase será impulsionada por um conjunto de tecnologias como robótica, inteligência artificial, realidade aumentada, big data (análise de volumes massivos de dados), nanotecnologia, impressão 3D, biologia sintética e a chamada Internet das coisas, onde cada vez mais dispositivos, equipamentos e objetos estarão interconectados. Estima-se que, até 2025, 10% das pessoas irão usar roupas conectadas à Internet, 90% usarão smartphones, 5% dos produtos de consumo estarão disponíveis para impressão 3D, 10% dos carros nos Estados Unidos serão autônomos e 30% das auditorias serão realizadas por inteligência artificial.

Isso só será possível porque, na atualidade, o próprio comportamento humano exige modelos de produção. A tecnologia não ameaça apenas os trabalhos de "produção", ela também já impacta todas as áreas da vida do ser humano. A tecnologia trouxe ao homem a ilusão de que ele é superior à natureza e que ele pode fazer o que quer.

Entretanto, Jung (1983) afirmava que esse falso senso de poder pode levá-lo à destruição. Para ele a tecnologia em si é neutra, não é boa nem má. Se ela causa dano ou não, depende de nossa atitude em relação a ela. (CW11§ 869,871). O que se faz com a tecnologia advém da disposição ética do indivíduo para aceitar ou negar os poderes de manipulação, domínio e extermínio do outro. A neutralidade é apenas da máquina.

Para Jung, o homem deveria aprender que nem sempre o que ele quer é o que ele pode. Se não estiver consciente disto, o homem destruirá a própria natureza. Desconhecer que sua própria alma se rebela contra ele é agir como suicida.

Jung reconhecia que, em épocas diversas, novos arquétipos podem ser constelados e, com eles, outras interpretações serão apropriadas para essas épocas. A Internet é um extraordinário *locus* das profundezas do inconsciente coletivo nos nossos tempos, pois nela, novos mitos são formados, arquétipos ainda ignorados se apresentam e diferentes aventuras para a psique se propõem. Os novos arquétipos não podem ser ignorados, pois corre-se o risco de se perder os outros significados. Sobre o futuro incerto da humanidade, Jung como visionário alertava sobre questões que vivemos hoje.

Deste modo, é urgente a reflexão sobre a realidade que nos cerca, repleta de enigmas e aspectos desconhecidos mas que - certamente - vem priorizando certos valores em detrimento dos que integram e valorizam a alma humana. Isto nos faz lembrar do pecado da hybris para os gregos, de ultrapassar o metron, ou seja, evoca a questão de qual será o limite para a onipotência que estamos vivendo a partir das novas tecnologias. Quais as consequências que isso nos trará? Ao trazer inúmeros prejuízos à saúde humana e ao planeta, leva o que é vivo à fragmentação e ao distanciamento, em vez de favorecer o encontro com o sentido da vida. Sabemos aonde queremos chegar? A algum lugar chegaremos, a questão é de fato, onde, se e como chegaremos. Jung como visionário apontou para estas questões ao refletir". "Estou convencido de que a exploração da alma é a ciência do futuro. (...) Torna-se cada vez mais evidente que nem o câncer, nem os cismas, nem os micróbios, nem fome constituem o maior perigo para o homem. E por quê? Porque ele não tem proteção suficiente contra as epidemias psíquicas, infinitamente mais devastadoras do que as piores catástrofes da natureza".

Irene Gaeta

A alma na atualidade: olhares em perspectiva

Capítulo 1

ALMA E INDIVIDUAÇÃO: A TECNOLOGIA COMO SÍMBOLO DA ATUALIDADE

Paola Vieitas Vergueiro

A alma humana sempre merece destaque na nossa profissão. Ela é o motor e a razão da nossa existência e do nosso ofício. Jung (1987a) afirma que o reconhecimento da nossa alma - perpassado pela ampliação de consciência - tem poder de cura: "só o que somos pode curar-nos" (p. 43; OC VII/2: 258). Em função disso nós, junguianos, nos empenhamos no estudo da alma, do que move seu funcionamento e das suas diversas formas e dimensões de manifestação.

Este trabalho pretende abordar a alma na atualidade, intensamente provocada e permeada pelos recursos tecnológicos. Nossa abordagem ao assunto apresenta, primeiramente, alguns tópicos abordados em artigos do "Journal of Analytical Psychology" sobre este tema. No curso do texto apresentamos o conceito de si-mesmo e seus níveis, como proposto por Jung, e estabelecemos algumas relações com a psique atual, coletiva. Ao final propomos uma leitura simbólica sobre a tecnologia na cultura atual.

Raya Jones (2017) trata, no Journal, do pós-humanismo como movimento atual. Associa-o às explorações críticas de como tecnologias estão reescrevendo a história e promovendo, no homem, novas compreensões sobre si mesmo. Cita uma lenda, "A Marvelous Automaton," que aparece em 350 a.C em um livro de ensinamentos taoístas, tratando de humanoides feitos pelo homem, similares aos robôs desenvolvidos pela avançada tecnologia atual. Destaca que, enquanto a indústria robótica parece estar realizando uma fantasia arquetípica, a tecnologia cria novas realidades sociais que geram questões de relevância para a humanidade que, portanto, são de interesse para a psicologia analítica.

Segundo Favero e Candellieri (2017), as mídias sociais e a conexão via de internet tempo integral produziram mudanças profundas na maneira como as pessoas vivem e percebem os relacionamentos. Ressaltam que a prática analítica não está isenta de tais questões, que podem ser subestimadas na prática clínica.

Roesler (2017) afirma que as interações baseadas na internet produzem novas formas de relações sociais que diferem significativamente das interações face a face, fazendo com que informações inconscientes, não verbais, se percam. A perda de sinais não verbais tem implicações para a psicoterapia em geral e, especialmente, para o tratamento de pacientes que têm dificuldades em confiar em um relacionamento terapêutico seguro. Os autores sugerem que tais transformações tornam, ao menos parcialmente, inadequado o corpus teórico e técnico em que se fundam as diversas psicologias profundas, requerendo engajamento pessoal por parte dos psicanalistas na busca de novas estratégias para tratar seus pacientes, com o consequente abandono das 'certezas' oferecidas por modelos esclerosados de procedimento clínico. Sato (2016) considera que a realidade atual contrasta com o nosso Zeitgeist antropocêntrico, que se manifesta exteriormente como crise ambiental e internamente como fixação nas interações sociais, especialmente através das tecnologias de comunicação, excluindo tudo o mais. Considera que a afirmação de Jung (2000, p. 281): "Para o homem a questão decisiva é esta: se você se refere ou não ao infinito. Tal é o critério de sua vida." nunca foi mais pertinente. As experiências de tocar este "algo infinito" e seus benefícios aparentes são analisadas pelo autor.

A psique coletiva e o conceito de si-mesmo

Esses encontros com a dimensão infinita, que nos ultrapassa e promove modificações, nos movem a estudar o conceito-base de si-mesmo, para Jung. Ele será útil para abordarmos a realidade contemporânea permeada pela tecnologia, pela lente da psicologia analítica. Iniciaremos levantando uma hipótese de compreensão sobre a sociedade contemporânea (que inclui a tecnologia), baseada na proposição de Jung de que há no inconsciente um conhecimento "a priori" ou uma relação imediata de eventos que carecem de base causal. Poderíamos chamá-los de pensamentos não pensados ou conhecimentos apriorísticos inconscientes. Um conhecedor que, apesar de desconhecido, tem impacto permanente na vida humana: um aspecto da psique que transcende tempo e espaço, o si-mesmo (Stein, 2006).

Para Jung o si-mesmo não se refere ao que vulgarmente se chama de si-mesmo. É mais do que a subjetividade da pessoa. Sua essência situa-se além do domínio subjetivo. O si-mesmo é potência: forma a base para o que no sujeito existe em comum com o mundo, com as bases do ser. No si-mesmo sujeito e objeto, o ego e o outro juntam-se num campo comum de estrutura e energia. O conceito explica fenômenos espontâneos da psique, compensação, individuação e a existência de polaridades que formam energia (Stein, 2006).

Em 1951 publica "Aion", uma extensa monografia sobre o estudo do si-mesmo. O título é inspirado no Mitraísmo, onde Aion é o nome de um Deus que governa o calendário astrológico e, por conseguinte, o próprio tempo. Sugere um fator que transcende o tempo-espaço e rege a consciência do ego. Esse fator transcendente da psique foi conhecido por muitos povos, e seus relatos podem ser úteis para apreensão da sua natureza e energia.

> O si-mesmo, em sua totalidade, se situa além dos limites pessoais e quando se manifesta, se é

> que isto ocorre, é somente sob a forma de mitologema religioso; os seus símbolos oscilam entre o máximo e o mínimo.
>
> (Jung, 1990a, p. 28; OC IX/2: 57).

Sua teoria relaciona a psique individual à herança filogenética. Jung (apud Jacobi, 1963) compara os planos da psique aos extratos geológicos, apresentando-os na seguinte sequência: indivíduo, família, raça, nação, grupo étnico, ascendência humana, ascendência animal e força central. Essa sequência apresenta uma correspondência filogenética para a ontogênese.

Apesar de enfatizar a dependência que o processo de individuação guarda em relação à sociedade e à cultura, vista como propiciadora ou não do bom desenvolvimento dos seus membros, Jung (2009), em sua obra, prioriza a leitura da psique individual, referindo-se, eventualmente, ao desenvolvimento dos grupos e das nações. Talvez esse fato se justifique pela ênfase que dá à mudança através dos indivíduos. Em "Tipos Psicológicos" afirma: "A individuação, em geral, é o processo de formação e particularização do ser individual e, em especial, é o desenvolvimento do indivíduo psicológico como ser distinto do conjunto, da psicologia coletiva" (Jung, 2009, p. 426; OC VI: 853). Para tratarmos dessa dimensão psíquica coletiva baseamo-nos em Jung (1993) quando associa, em "Civilização em Transição", a vida psíquica de um povo às regras psicológicas fundamentais. Afirma:

> A psique de um povo tem uma configuração apenas um pouco mais complexa que a psique do indivíduo. E, no caso inverso, já não falou um poeta dos povos de sua alma? E, com razão, acho eu. Pois algo de nossa psique não é indivíduo mas povo, coletividade, humanidade. De alguma forma somos parte de uma psique única e abrangente, de um homem singular e imenso, usando as palavras de Swedenborg.
>
> (p. 85; OC X/3: 175).

Nesse trecho Jung parece estar se referindo à dimensão coletiva da psique, ao inconsciente coletivo. Em "Psicologia do Inconsciente" Jung (1989a, p. VIII; OCVII/1) também correlaciona a psicologia individual à dimensão coletiva, sociocultural. Afirma: "A psicologia do indivíduo corresponde à psicologia das nações. As nações fazem exatamente o que cada um faz individualmente; e do modo como o indivíduo age a nação também agirá." Essa fala indica uma aproximação entre o funcionamento individual e o coletivo, podendo, a ambos, serem aplicados fundamentos similares.

Essa proposta oferece as bases para o conceito de inconsciente cultural proposto por Joseph Henderson (1984). O autor reserva o termo "inconsciente cultural" para os fatores arquetípicos, enfatizando principalmente o potencial de mitos e ritos. Considera que a dimensão cultural do psiquismo abrange as dimensões social, religiosa, estética, filosófica e psicológica, o que indica a ligação entre estas áreas do conhecimento.

Como fator que coordena o sistema e o mantém unido, o si-mesmo situa-se além das fronteiras da psique e tem uma propriedade psicóide - que liga as diferentes dimensões da existência. Essa qualidade do arquétipo tem como propósito promover sua união e o desenvolvimento (Vergueiro, 2019). O si-mesmo colide com a psique e gera transformações em todos os níveis - físico, psíquico e espiritual. Como arquétipo central, emerge na vida humana e promove sua renovação de forma interminável, em suas rotações através da psique. Sendo simultaneamente estrutural e dinâmico, promove modificações substanciais na vida humana, individual ou coletiva. Sua transgressividade, a propriedade de ultrapassar dimensões da vida, afirma que não se encontra exclusivamente na esfera psíquica, mas se manifesta também no mundo externo. (Stein, 2006).

Com base nesses pressupostos, abordaremos o arquétipo central, ou si-mesmo, como referência aos movimentos da alma humana contemporânea, intensamente mobilizada pela tecnologia.

Para desenvolvermos esta hipótese compreensiva, apresentamos um diagrama proposto por Jung em Aion (1990a), constituído com base em amplo estudo da gnose, astrologia e alquimia. Ele apresenta um símbolo do si-mesmo como um processo dinâmico, uma força atuante na totalidade psíquica que promove transformações cíclicas.

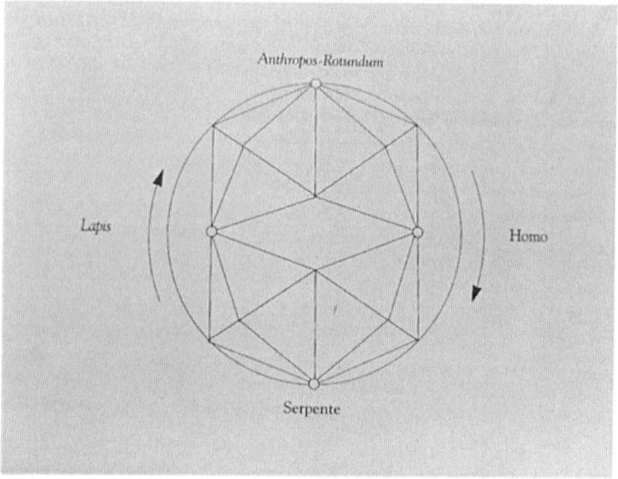

Neste diagrama podemos observar os diferentes níveis/ formas de manifestação do si-mesmo. Cada referência arquetípica (Homo, Serpente, Lápis, Anthropos-Rotundum), que se apresenta nesta forma cíclica mostrada acima, liga dois quatérnios tridimensionais, que descrevem seu conteúdo, como revela o diagrama abaixo:

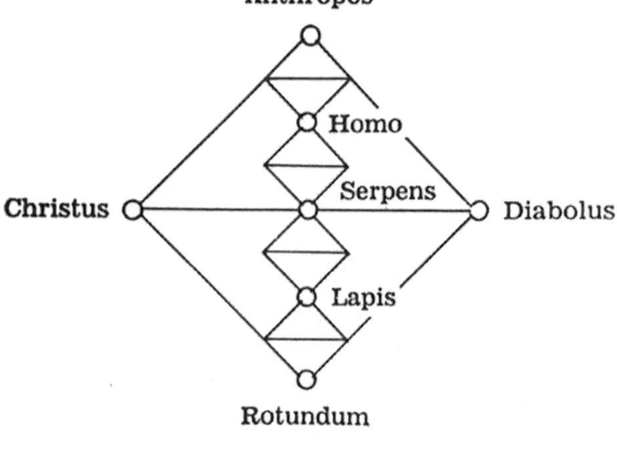

Este diagrama, exposto de forma vertical, traduz um movimento circular que opera na psique individual e coletiva, visando criar equilíbrio entre as várias partes, atando-as em uma unidade funcional. Cada uma destas pirâmides duplas tridimensionais tem um ponto em comum com a que está acima e abaixo dela. Há uma linha que divide este eixo vertical pela metade: Christus/Diabolus (Stein, 2006). Trata-se de um estudo apresentado por Jung em Aion (1990a) extremamente denso de referências arquetípicas, às quais não poderemos nos dedicar em detalhe. Apresentamos em função disto, apenas algumas características sumárias de cada nível:

a) A quaternidade Anthropos (Anthropos/Homo) refere-se à integridade ideal, na qual o nível superior/espiritual é representado por Anthropos, o Adão superior, e o inferior, pelo Adão inferior. O círculo abaixo, a posição Homo, localiza a consciência do ego. Jung afirma que a atual era histórica começou há dois mil anos com a ênfase nesta integridade ideal. O homem foi visto como um ser espiritual e projetou seu ideal em Jesus de Nazaré. Este movimento histórico trouxe, paulatinamente, a transição do ideal para a consciência egóica do real.

b) A quaternidade da Sombra (Homo/Serpente) apresenta na dimensão superior Homo, e na inferior, Serpens. Homo refere-se à consciência do ego e a Serpens aos instintos de sobrevivência, à sabedoria e à personalidade inferior, cujos mais baixos níveis são indistintos dos níveis animais.

Esta quaternidade trata da relação entre a consciência do ego a dimensão instintiva humana. Jung relaciona este nível às experiências históricas refletidas pela transição da gnose para a alquimia, e à penetração nos mistérios da matéria.

c) O quatérnio do Paraíso (Serpens/Lápis) está ligado aos processos materiais orgânicos. A serpente, situada acima do quatérnio representa o si-mesmo em sua mais flagrante paradoxalidade, criação/destruição em nível instintivo. Refere-se ao sistema nervoso autônomo nos seres humanos, que compartilham deste nível com animais e plantas. A química orgânica estuda sistematicamente este nível de existência. O Lapis philosophorum, abaixo do quatérnio é símbolo central da alquimia, representa a personalidade que foi modificada pela integração do inconsciente. Jung associa este quatérnio ao materialismo científico e à sua divinização da matéria.

d) A quaternidade Lápis (Lápis/Rotundum) trata do domínio inorgânico. Apresenta o Lápis philosophorum acima, e abaixo o Anthropos/Rotundum – a integridade ideal. O Lápis refere-se, nas fantasias paradoxais dos alquimistas ao tesouro que eles buscavam: uma pedra que é espírito. O Rotundum, a origem de todas as coisas, exprime a totalidade do indivíduo. Este quatérnio leva ao domínio da energia pura, que também foi descoberta pela física moderna. Mas a energia é intangível e só pode ser observada por seus efeitos. Sua união à totalidade psíquica requer o contato entre opostos, e sua integração pela consciência. Esta nova aproximação à integridade pode ser levada em conta, quando analisada à luz da realidade do homem na atualidade.

Essa breve síntese do estudo amplo e profundo realizado por Jung sobre os níveis do si-mesmo, serve-nos apenas para sugerir uma primeira reflexão sobre o nosso tempo, com base no conceito. Interessa-nos perguntar de que forma a tecnologia pode revelar demandas da totalidade psíquica na atualidade.

Com o advento da teoria relativista de Einstein e da mecânica quântica no começo do século XX, acrescentou-se aos conhecimentos da física mecanicista a concepção na qual a matéria é energia condensada. A penetração no nível inorgânico levou ao domínio da energia pura, intangível, um conceito para descrever algo que não pode ser observado diretamente. Tais conhecimentos, somados, têm proporcionado o desenvolvimento de recursos tecnológicos à sociedade e à cultura, em suas diferentes áreas do conhecimento como a medicina, engenharia, educação, comunicação etc.

Consideramos que tais conquistas podem ser associadas ao quatérnio do Lápis (Lápis/Rotundum), à medida que partem de conhecimentos científicos sobre a energia pura que tem favorecido o desenvolvimento de diversos recursos tecnológicos. Parece-nos essencial perguntar em que medida o uso dos recursos científicos na atualidade impacta e/ou contempla a realização espiritual plena, a individuação. Nesse sentido, os movimentos para a realização da integridade - manifesta nos símbolos da atualidade - podem traduzir a necessidade de atenção a dimensões esquecidas, desconhecidas ou preteridas na contemporaneidade.

Relacionamos tal hipótese a evidências sobre uma mudança paradigmática em curso, que é tratada por pesquisadores de diferentes disciplinas que foram adaptadas a um novo elenco conceitual, passando a se denominar teoria da auto-organização ou, ainda, Teoria da Complexidade (Lorenz, 1996; Prigogine e Steners, 1984; Morin, 2015; Morin et al, 2003; Morin e Moigne, 2000; Capra, 1982; Waldrop, 1992).

A teoria da Complexidade, proveniente da teoria sistêmica, ganhou força de forma interdisciplinar e afirma que surgem espontaneamente de condições caóticas, processos de auto-organização de diversos sistemas que abrangem o macro e micro mundo. As reações químicas, meteorologia, ecossistemas, tendências econômicas, entre outros, podem revelar estes sistemas. Propõe uma compreensão do mundo entre acaso e determinismo, em que as leis causais e a-causais cooperam entre si, ultrapassando a teoria das probabilidades da física quântica fazendo as seguintes proposições: reavalia o tempo através de equações matemáticas não lineares; retoma o segundo princípio da termodinâmica e a noção de entropia; atribui ao tempo cronológico um caráter construtivo, além da destruição e morte; introduz a noção de acasos na descrição dos fenômenos e estabelece um lugar para a criatividade na descrição científica (Prigogine, 1996).

O pensamento da Complexidade considera a maneira de pensar que se tornou hegemônica a partir dos inícios da modernidade (especialmente no ocidente) simplificadora, denominando-a pensamento linear. Para a Teoria da Complexidade é necessário um esforço para reformar esta maneira de pensar e estar no mundo que se tornou paradigmática. Isso deve ser feito mediante a criação de uma cultura de religação dos saberes, pelo estabelecimento de relações entre as especializações (Morin et al, 2003; Morin, 2015a).

Jung foi um incentivador e praticante do intercâmbio entre diferentes áreas do saber. Desde o início da sua vida profissional deu uma grande importância às colaborações interdisciplinares, considerando a tendência do especialismo prejudicial à ciência. Idealizou a elaboração de uma ciência unificada que ultrapassasse as especializações, cuja construção dependeria da colaboração entre diferentes disciplinas. Para Jung, o ponto de vista psicológico serviria de eixo a todas possíveis disciplinas, tendo especial relevância nessa nova visão de mundo, mediante o reconhecimento dos conteúdos inconscientes (Shamdasani, 2005; Pieri, 2005; Camargo, 2007).

As bases teóricas da Psicologia Analítica concebem a psique como uma dimensão da realidade total, que tem a possibilidade de se relacionar com as outras dimensões. Consideram a psique como um campo que mantém relações internas, consigo mesma, e externas, com o universo que a contém. Concebem os mundos externo e interno como aspectos da mesma realidade, em permanente interação dinâmica (Vergueiro, 2017). Nessa visão, o envolvimento do homem na realidade reflete um ponto de vista epistemológico corrente na ciência de hoje: o homem é um fator co-determinante do mundo fenomenal, pois encontra a si mesmo em tudo o que reconhece (Heisenberg). Como afirmaram Pauli e Jung: "há uma só realidade" (Jaffé, 1995).

A concepção de Jung (1986) da psique como a zona intermediária entre espírito e matéria, apresenta a qualidade psicóide do arquétipo como promotora de manifestações das demandas de Self. A qualidade psicóide pode se manifestar na psique, na interface entre espírito e psique, nos fenômenos paranormais (Lachman, 2012), e na relação da psique com a matéria, nos símbolos corporais (Boechat, 2004). Em todas as dimensões de manifestação, tal qualidade arquetípica é sustentada pela lógica a-causal, que promove a expressão de símbolos e sincronicidades.

Tal concepção da realidade baseia-se em pressupostos teóricos que unem o ponto de vista causal-mecanicista ao ponto de vista finalista-energético. Para Jung, a linearidade causal-mecanicista é insuficiente para explicar o movimento circular no qual os efeitos das causas dos fenômenos retroagem sobre estas, modificando-as. Propõe que, na compreensão finalista, observam-se reorganizações da psique que permitem que o conteúdo latente se atualize unindo que estava separado. O incerto e o imprevisível se apresentam como probabilidade de encontro com a totalidade psíquica, Self. Esta atualização e união das partes da totalidade psíquica oferecem novo sentido ao conjunto por meio da emergência de uma nova forma de totalidade. O conceito de função transcendente é um exemplo desse processo reorganizador (Ricelli, 2010).

As formulações de Jung a respeito da sincronicidade, baseadas em ocorrências não-causais têm compatibilidade com a teoria da Complexidade, que se assenta em uma visão de mundo que reúne a visão causal e a-causal, mundos externo e interno, qualidades e quantidades, matéria e espírito, cognoscível e incognoscível, o natural e o criativo, vontade e instinto cego (Camargo, 2007).

Segundo Camargo (2007), Jung pode ser visto como um adepto do pensamento Complexo. Sempre questionou o método científico da sua época e sua teoria, ao somar à visão causal-mecanicista a finalista/construtiva converge com o Paradigma da Complexidade. A observação de seus fundamentos leva à percepção de sua aproximação aos paradigmas contemporâneos e à visão complexa do universo.

A tecnologia como símbolo da atualidade

A tecnologia e sua relação com a dimensão de Self nos tempos atuais nos move a compreendê-la como um símbolo contemporâneo sobre o qual pode-se levantar uma série de hipóteses compreensivas. O olhar da psicologia analítica permite essa leitura, pois investiga os símbolos emergentes, indicando a disposição psíquica que os acompanha. A compreensão do símbolo como aquele que une, faz a ponte entre aspectos do psiquismo é tratada por diversos autores na psicologia analítica (Whitmont, 2002; Stein, 2006; Jaffé, 1995). Para realizarmos a tarefa de investigação da tecnologia como símbolo atual baseamo-nos em Jung (1986, p. 317; OC VIII/2: 713), quando afirma: "(...) existem conteúdos inconscientes que fazem exigências inegáveis ou irradiam influências com as quais a consciência terá que se defrontar quer queira, quer não".

Segundo Whitmont (2002) a busca da experiência simbólica tem urgência e significado para o nosso tempo, e encontra uma expressão útil e completa na psicologia analítica. As dimensões entre as quais estabelece diálogo são diversas: o abstrato e o material; o individual e o coletivo; o passado e o futuro; o divino e o terreno; o consciente e o inconsciente, entre outras. Segundo Jung (2009, p. 447; OC VI: par. 912):

> O símbolo é sempre um produto de natureza altamente complexa, pois se compõe de dados de todas as funções psíquicas. Portanto, não é de natureza racional nem irracional. Possui um lado que fala à razão e outro inacessível à razão, pois não se constitui apenas de dados racionais, mas também de dados irracionais fornecidos pela simples percepção interna e externa. A carga de pressentimento e de significado contida no símbolo afeta tanto o pensamento quanto o sentimento, e a plasticidade que lhe é peculiar, quando apresentada de modo perceptível aos sentidos, mexe com a sensação e a intuição.

A complexidade do símbolo lhe permite revelar diferentes aspectos do humano, podendo ser observado nas dimensões individual, grupal ou social, propiciando a transformação da consciência. A transformação psíquica pode ser observada a partir das abordagens semiótica e simbólica. A semiótica se refere ao ponto de vista causal-mecanicista, onde os eventos remontam a uma causa inicial. Parte do pressuposto de uma estase original. A concepção simbólica ou energético-finalista afirma que a energia é transferida de um estado menos provável para um mais provável, tendo como meta o equilíbrio. Os fenômenos devem ser entendidos a partir dos seus efeitos. Há uma energia que se mantém constante, produzindo, entropicamente, um estado de equilíbrio no seio das mutações. No trecho que segue, Jung (1990b) afirma a importância do ponto de vista final:

> Não pode haver evolução apenas com intenção e vontade. É preciso que haja também o símbolo atrativo, cuja quantidade de valor supere o da causa. Também não pode haver formação do símbolo sem que a alma se detenha, por um tempo bastante prolongado, nos fatos elementares, isto é: até que a necessidade interior ou exterior do processo vital produza uma transformação na energia.
>
> (p. 23; OC VIII/1: 47)

O interesse fundamental de Jung nos símbolos reside em sua capacidade de transformar e redirecionar energia instintiva. Deve-se esclarecer que o processo de canalização construtiva da energia psíquica não é simples. Há inúmeros exemplos na história da humanidade em que a energia psíquica foi utilizada para destruir: inquisição, ortodoxia comunista e stalinista, nazismo etc. A dimensão instintiva inclui aspectos primitivos e psiquizados da libido, e sua utilização criativa depende da função da consciência. O homem atual, que perdeu a conexão natural com o "mana" ou "wakan", a dimensão invisível, depende do ego e da sua capacidade de discriminação e entendimento para reaproximar-se do inconsciente de maneira criativa. Somente a busca consciente de aproximação aos símbolos e a realização de escolhas que levem em conta a ética, podem favorecer o desenvolvimento e a saúde psíquica (Harding, 1973).

O mundo atual, repleto de contradições, não favorece a aproximação consciente do universo simbólico, limitando assim a transformação da energia psíquica de uma forma inferior para uma forma superior (Jung, 1989b). O símbolo social pode oferecer indicações, pois é aquele que aponta no sentido do que ainda é desconhecido para seu tempo histórico e contém aspectos prospectivos e significativos da sociedade da qual emerge. Jung afirma que as ações compensatórias, simbólicas, obedecem a uma espécie de plano predeterminado, subordinadas a um fim comum, que chama de individuação (Jung, 1990).

Ao tratarmos da dimensão coletiva, a leitura simbólica pode ser construtiva e favorecer a canalização da libido na direção apontada por um arquétipo ou símbolo emergente. Dessa maneira, o estudo da tecnologia como símbolo pode indicar caminhos para a integração de conteúdos inconscientes, pois aponta no sentido do que ainda é desconhecido para nosso tempo histórico, pois contém aspectos prospectivos e significativos do universo sociocultural. Ele pode orientar a consciência do observador para as necessidades da sociedade, como afirma Jung (2009):

> Uma vez que o símbolo, de um lado, é a melhor expressão possível e insuperável do que ainda é desconhecido em determinada época, deve provir do que existe de mais diferenciado e complexo na atmosfera espiritual daquele tempo. (...) Nisto consiste a eficácia poderosa e, ao mesmo tempo salvífica, de um símbolo socialmente vivo.
>
> (p. 446; OC VI: 910).

A história da tecnologia tem relação íntima com eventos políticos, econômicos e sociais. Segundo Maffesoli (2014), o homem moderno apoia-se numa concepção unilateral na realidade, reduzindo-a à dimensão econômica, social e política do prisma racional. O autor acrescenta a estas a ordem simbólica: uma energia comum, impalpável, onírica. Considera que esse fervilhamento, ligado ao real ampliado, inclui um real mais vasto, repleto de sonhos da humanidade – e incluir essa dimensão da realidade implica em um desafio. Aposta, pois, em uma visão multilateral do mundo, a partir da qual podemos compreender a mutação civilizacional em curso, que convencionou-se chamar de mudança de paradigma.

A tecnologia apresenta transformações resultantes de conquistas científicas, que impactam tanto a realidade objetiva como a subjetiva das pessoas. Muito se tem falado a respeito do aspecto paradoxal da tecnologia e das suas diferentes facetas. Afirma-se que ela promove a reunião de pessoas e, por outro lado, as afasta, pois desfavorece o contato concreto entre elas; que acelera a vida deixando suas marcas criativas e destrutivas; que é instrumento para a solução de problemas e criação de novos, revelando-se um permanente desafio (Ulson, 2013).

A internet, por exemplo, permite a troca de teorias, métodos e experiências por pessoas de diferentes países, classes sociais e crenças, em tempo real. Pode, também, favorecer a ocorrência de eventos sincronísticos, como a composição de grupos por afinidades, formas de manifestação política, experiências inclusivas etc. O exame desta realidade pode nos levar a compreendê-la como propiciadora do contato entre polaridades desconhecidas.

A rapidez das ocorrências do mundo atual permite, por outro lado, que se sejam desvalorizadas experiências relativas à dimensão espiritual e material do homem. Neste caso sua alma – como dito anteriormente – relacionada a diferentes dimensões da existência e tipos de experiência, pode não ser reconhecida em sua extensão e expressão simbólica, e perder a conexão profunda com suas raízes. Jung (1987b), em "A autonomia do inconsciente", afirma: "O magnífico desenvolvimento científico de nossa época corresponde a uma assustadora carência de sabedoria e introspecção". (p. 19; OC XI/1: 28).

Nesta obra Jung (1987b) trata da religiosidade como uma função da psique. A origem da palavra religião no vocábulo latino *religere*, se refere a uma acurada e consciencioso observação daquilo que Rudolf Otto acertadamente chamou de "numinoso", isto é, uma existência ou um efeito dinâmico não causado por um ato arbitrário. Destaca o que ocorria em sua época (e podemos dizer, permanece até hoje na consciência coletiva): a falta de apoio na experiência do numinoso que constitui uma condição do sujeito e é independente de sua vontade. Dessa maneira, conclui que a atitude particular de uma consciência transformada pela experiência do numinoso, corre o risco de ser perdida pelo homem.

Ulson (2013) investiga as raízes arquetípicas deste instrumento que, na atualidade, é tão utilizado: a tecnologia. Afirma que a Tecnologia em si, é apenas um meio de que se serve o Logos para se manifestar. Destaca que o grande desafio colocado pela Tecnologia é produzir homens mais elevados espiritualmente, capazes de um comportamento ético íntegro, frente a ela. E isso só será conseguido *Deo concedente*, isto é, com a graça de Deus.

Outra característica da era tecnológica é a desvalorização do corpo como expressão e meio de contato com a experiência vital e simbólica. Trata-se da aparência física como um valor social, mas não necessariamente do corpo como experiência existencial. Assim, a contemporaneidade em sua existência "sem materialidade" pode levar o ser humano ao contato virtual e veloz com o mundo externo, não necessariamente proporcionando um aprofundamento da relação do homem consigo mesmo.

A aventura do nosso tempo compreende, assim, uma grande tarefa, esclarecida pelas faces criativas e destrutivas que a tecnologia, como símbolo, pode revelar. Como afirma Jaffé (1995), o significado como mito da consciência – afirma que o homem é indispensável para completar a criação, pois a consciência humana criou a existência objetiva e o significado, e o homem encontrou seu lugar indispensável no grande processo de ser. Com uma consciência incomparavelmente distanciada das dimensões da natureza, tanto interior quanto exterior, o homem contemporâneo perdeu o contato com suas imagens psíquicas e portanto, com o significado. Esse processo de reunião do que foi separado consiste em perceber a realidade do ser: espírito e matéria, ciência e fé, consciência e inconsciente, como dois lados de uma só unidade.

Referências

Boechat, W. (2004). O corpo psicóide a crise de paradigma e o problema da relação corpomente. Rio de Janeiro, 2004, 167 p. Tese (Doutorado em Saúde Coletiva) - Instituto de Medicina Social da Universidade do Estado do Rio de Janeiro.

Camargo, D. (2007). *Jung e Morin. Crítica do sujeito moderno e educação*. São Paulo: Xamã.

Cambray, J. (2013). *Sincronicidade – natureza e psique num universo interconectado*. Trad. Caio Liudvik. Petrópolis: Vozes.

Favero, D., & Candelieri, S. (2017). Analytical practice: do the new technologies have an impact? *Journal of Analytical Psychology*. 62 (3): 356-371.

Capra, F. (1982). *O ponto de mutação*. São Paulo: Cultrix.

Harding, M. E. (1973). *Psychic Energy. Its source and its transformation*. Princenton: Princenton University Press.

Henderson, J. L. (1984). *Cultural attitudes in psychological perspective*. Toronto: Inner City Books.

Jacobi, J. (1995). *A Psicologia de C.G. Jung*. Madrid: Espalsa-Calpe, 1963.

Jaffé, A. (1995). *O mito do significado na obra de Jung*. São Paulo, Cultrix.

Jones, R. (2017). Archaic man meets a marvellous automaton: posthumanism, social robots, archetypes. *Journal of Analytical Psychology*, 62 (3): 338-355.

Jung, C. G. (2000). *Memórias, Sonhos, Reflexões*. Rio de Janeiro: Nova Fronteira. (Obra original publicada em 1961).

Jung, C.G. (1989a). Psicologia do Inconsciente. In: *Obras Completas* (Vol. VII/1). Petrópolis: Vozes. (Obra original publicada em 1912).

Jung, C.G. (1987a). O Eu e o Inconsciente. In: *Obras Completas* (Vol. VII/2). Petrópolis: Vozes. (Obra original publicada em 1934).

Jung, C.G. (1990a). Aion: Estudos sobre o Simbolismo do Si-Mesmo. In: *Obras Completas*. (Vol. IX/2). 3ª ed. Petrópolis: Vozes. (Obra original publicada em 1950).

Jung, C.G. (1990b). Energia Psíquica. In: *Obras Completas*. (Vol. VIII/1). 4ª ed. Petrópolis: Vozes. (Obra original publicada em 1928).

Jung, C. G. (1989b). Símbolos da Transformação. In: *Obras Completas*. (Vol. V.). Petrópolis: Vozes. (Obra original publicada em 1912).

Jung, C.G. (2009). Tipos Psicológicos. In: *Obras Completas*. (Vol. VI). Petrópolis: Vozes. (Obra original publicada em 1921).

Jung, C.G. (1987b). A autonomia do Inconsciente. In: ______Psicologia e Religião. *Obras Completas.* (Vol. XI/1). Petrópolis: Vozes. (Obra original publicada em 1937).

Jung, C.G. (1993). A consciência na visão psicológica. In: ______ Civilização em Transição. *Obras Completas.* (Vol. X/3). Petrópolis: Vozes. (Obra original publicada em 1946).

Jung, C. G. (1986). Considerações teóricas sobre a natureza do psíquico. In: _____A natureza da psique. *Obras Completas.* (Vol. VIII/2). Petrópolis: Vozes.

Lachman, G. (2012). *Jung, o místico.* As dimensões esotéricas da vida e dos ensinamentos de C.G. Jung: uma nova biografia. São Paulo: Cultrix.

Lorenz, E. N. A. (1996). *Essência do Caos.* Brasília: Universidade de Brasília.

Mafesoli, M. (2014). "Iniciação, arquétipos e Pós-modernidade". In: BOECHAT, Walter (org). *A alma brasileira – luzes e sombra.* Petrópolis: Vozes.

Morin, E. (2015) Introdução ao Pensamento Complexo. Trad. Eliane Lisboa. Porto Alegre: Sulina.

Morin, E., & Moigne, J. (2000) *A Inteligência da Complexidade.* São Paulo: Peirópolis.

Morin, E., Ciurana, E.R., Motta, R. D. (2003). *Educar na Era Planetária. O pensamento complexo como método de aprendizagem no erro e na incerteza humana.* São Paulo: Cortez.

Pieri, P.F. (2005). *Introdução a Carl Gustav Jung.* Rio de Janeiro: Edições 70.

Ricelli, I. O. (2010). Sincronicidade: dados e perspectivas. Dissertação (Mestrado em Psicologia Clínica). Pontifícia Universidade Católica de São Paulo.

Roesler, C. (2017). Tele-analysis: the use of media technology in psychotherapy and its impact on the therapeutic relationship. *Journal of Analytical Psychology*, 62 (3): 372–394.

Sato, Y. (2016). Mottainai: a Japanese sense of anima mundi. *Journal of Analytical Psychology*, 62 (1):147–154.

Shamdasani, S. (2005). *Jung and the making of Modern Psychology: The Dream of a Science*. Cambridge: Cambridge University Press.

Stein, M. (2006). *O Mapa da Alma. Uma Introdução*. Tradução de: Cabral, A. 5ª ed. São Paulo: Cultrix.

Tigre, P. B. (2006). Gestão da Inovação: a economia da tecnologia no Brasil. Rio de Janeiro: Elsevier.

Ulson, G. (2013). *A tecnologia como agente de transformação da sociedade contemporânea*. XXI Congresso da Associação Junguiana do Brasil, São Paulo, 25 a 27 de outubro de 2013.

Vergueiro, P.V. (2019). O conceito psicóide nas Obras Completas de Carl Gustav Jung: um estímulo à interlocução. Monografia apresentada ao IJUSP como condição para obtenção do título de analista. São Paulo, IJUSP, 2019.

Vergueiro, P.V. (2017). A Psicologia Analítica e sua relevância no mundo atual. In: XXIV CONGRESSO DA ASSOCIAÇÃO JUNGUIANA DO BRASIL, 2017, Foz do Iguaçu. Disponível em <http://www.ijpr.org.br/>. Acesso em: 10 junho. 2019. Recuperado de http://www.ijpr.org.br/.

Waldrop, M.M. (1992). *Complexity: the emerging science at the edge of order and chaos*. New York: Touchstone.

Whitmont, E. C. (2002). *A busca do símbolo – conceitos básicos de Psicologia Analítica*. 3ª ed. São Paulo: Cultrix.

Capítulo 2

TECNOLOGIA & ALMA: POR UMA METÁFORA ALQUÍMICA.

Rubens Bragarnich

Não é feitiçaria: é tecnologia
Slogan publicitário dos anos 1990,
Elysée Belt (1990)

1. Introdução

As relações entre tecnologia e alma são muito complexas e misteriosas. Elas têm sido alvo de interesse mais recente da Psicologia. Quais os efeitos da tecnologia sobre a psique humana? A tecnologia teria alma? Tecnologia e alma deveriam estar alinhadas no desenvolvimento da psique coletiva e individual? A tecnologia colabora ou atrapalha o processo de individuação? Iluminar caminhos possíveis para responder essas questões é o propósito deste ensaio.

A epígrafe escolhida é bastante ilustrativa para nossa reflexão; o slogan faz parte de uma campanha publicitária sobre aparelho estético feminino estrelado pela atriz Joana Prado que personifica a Feiticeira, figura nascida de programa televisivo de cultura de massa dos fins dos anos 90.

O slogan traz dois caminhos: de um lado, deixa pegadas genealógicas e arquetípicas sobre o vinculo entre tecnologia e magia e, de outro, vincula a tecnologia e a feitiçaria ao consumo em larga escala de produto industrial.

O primeiro caminho faz referência explícita ao *sitcom* norte-americano traduzido em português como 'Jeannie é um gênio' (*I dream of Jeannie),* no qual um gênio (Barbara Eden) habitava uma garrafa especial que foi trazida de uma ilha para Houston, Texas, após fracasso de missão espacial, pelo astronauta capitão Tony Nelson (Larry Hagman) da NASA. Jeannie aparecia exclusivamente para seu amo, e intervinha em sua vida causando problemas e confusões hilariantes.

Essa série fez muito sucesso no EUA e no Brasil e, por sua vez, está baseada no 'Livro das Mil e uma Noites', uma antologia de contos árabes, onde é encontrado 'Aladim e a Lâmpada Mágica', que foi incorporado ao conjunto no ocidente no início do século XVIII, tornando-se um clássico da literatura mundial.

Nos anos 1960, o conto de Aladim inspirou o projeto da *Sony Pictures Television* que foi levado para a nova mídia, a televisão, pelas mãos talentosas do escritor e roteirista Sidney Sheldon, que entre 1965 e 1970 produziu mais de uma centena de episódios. Finalmente, a personagem Jeannie foi adaptada como atração de palco pela atriz Joana Prado como Feiticeira para o programa H (TV Bandeirantes) em 1996 a 2002.

Esse caminho longo e acidentado, sempre bem-sucedido, chega aos anos 2000 na forma de 'tecnologia', versão atualizada da 'técnica', proveniente daqueles conjuntos de procedimentos humanos de enfrentar a vida e criar ferramentas adaptativas, mediados pelo mistério, feitiço e magia, como veremos na evolução da 'técnica'.

O outro flanco da questão que a epígrafe nos oferece está presente implicitamente na intenção de incentivo comercial para a venda de produto estético, produzido em larga escala pela indústria, a partir dos inventos e das pesquisas científicas. Esse fenômeno revela que a conjunção entre tecnologia e alma é paradoxal e arriscado.

De fato, a evolução histórica e econômica produziu uma tendência inexorável para a objetividade, racionalidade, previsibilidade e controle. Isso mudou a relação do homem com a natureza e a cultura trazendo desafios para a psique coletiva.

2. Tecnologia

Dessa forma, a tecnologia poderia ser equacionada a partir da participação de três grandes categorias de variáveis mutuamente interativas, a saber: método científico, evolução contínua da técnica e ao incrível desenvolvimento e escalada global da indústria, sem as quais seria impossível chegar até a evolução extraordinária que atingimos.

E o que é a tecnologia?

> Na verdade, a técnica, a "techné" e a tecnologia correspondem às três fases do desenvolvimento histórico da técnica. Portanto, a distinção que aparece aqui busca apenas evidenciar as características de cada período histórico. Nesse sentido, a técnica, a techné e a tecnologia se complementam na medida em que uma é resultante do desenvolvimento histórico da outra. Este entendimento de como se constrói a relação histórica do homem com a natureza, no esforço humano de criar instrumentos que superam as dificuldades impostas pelas forças naturais é fundamental para se proceder qualquer outra leitura das consequências das tecnologias em nosso meio. [...]
>
> (Oliveira, 2008, p. 02)

No início podemos pensar na técnica como meio adaptativo para a sobrevivência, onde os recursos do meio ambiente eram utilizados sem regras objetivas de utilização dentro de um molde tipicamente religioso e mágico, com o mínimo de racionalidade.

> A técnica é tão antiga quanto o homem, da mesma forma que a "sabedoria". Ela aparece com a fabricação de instrumentos, o que nos faz concluir que surge com o aparecimento do homem na face da terra. A fabricação da pedra lascada corresponderia a um saber fazer, uma técnica. Esta fabricação e o aparecimento do homem são considerados fatos simultâneos. Seguindo esse raciocínio, a técnica é originalmente um saber fazer que caracteriza a presença de uma cultura

humana. O homem, fazer e cultura são aspectos originários da natureza humana.

(Oliveira, 2008, p. 3)

Ao longo da história, a técnica passou a ser regida pela consciência e por ela modificada. A racionalidade, além de ser considerada um fator dominante, passou a operar de forma independente da dimensão psíquica do ser humano.

Mais adiante, Oliveira (2008, p. 4) diz sobre a técnica:

> A técnica é qualquer conjunto de regras aptas a dirigir eficazmente uma atividade [...] e divididos em técnicas mágicas e religiosas e as técnicas racionais. As técnicas mágicas e religiosas são praticadas com base em determinados sistemas de crenças e não podem modificar esses sistemas; são denominados ritos (elemento fundamental de qualquer religião) e, por isso, são não corrigíveis ou não modificáveis. As técnicas racionais, independentes de forma relativa dos sistemas de crenças, são autocorrigíveis, pois podem modificar esses sistemas.

A *techné* grega lança mão de recursos, habilidades e conhecimento, sendo os aspectos técnicos mágicos ou religiosos abandonados em favor da racionalidade, da organização, e da previsibilidade. O eu consciente passa a ser o condutor único dos processos de intervenção, produtor da cultura e pesquisador da natureza para poder dominá-la.

> As "techné" gregas eram, em principio, constituídas por conjuntos de conhecimentos e habilidades profissionais transmissíveis de geração a geração. São desse tipo de saber a medicina e a arquitetura gregas. Também são "techné" a mecânica, entendida essa como a técnica de fabricar e operar máquina de uso pacifico ou guerreiro, e os ofícios que hoje chamamos de "belas artes". Ao lado dessas, havia também uma "techné" exata como, por exemplo, a utilização das matemáticas na agrimensura e no comércio.
>
> (Oliveira, 2008, p. 5)

As ações organizadas e planejadas da consciência humana tiveram que esperar séculos para adquirir uma base tecnológica segura, quando as experimentações científicas evoluíram e os processos de evolução industrial trouxeram a reprodutibilidade. Esse somatório forneceu a condição para a tecnologia, como a compreendemos hoje em dia.

O que seria, então, tecnologia em termos psicológicos? Partindo da definição formal,

> A palavra "tecnologia" tem sua origem no grego antigo. Vem de "Techné", que significa técnica, junto a "LOGOS", que pode ser interpretado como argumento, razão ou discussão. Ou seja, tecnologia é todo o conjunto de conhecimentos, razões em torno de algo e/ou maneiras de alterar o mundo de forma prática, com o objetivo de satisfazer às necessidades humanas.
>
> (Ferrara, 1986, p. 1656)

Agora chegamos a equacionar operacionalmente a tecnologia como composição da techné grega + logos (ciência) + indústria. Esse conjunto articulado chamado genericamente de tecnologia é que estará ou não em conexão com a alma humana.

3. Regência Arquetípica: o deus Hefestos

Poderíamos certamente apontar que as matrizes inconscientes da tecnologia dizem respeito à influência do deus Hefestos, cujo mito aponta para o arquétipo do inconsciente coletivo que une habilidade, tirocínio, forja, metalurgia, arquitetura e engenharia.

Hefestos, às voltas com as infidelidades de sua esposa Afrodite e litígios com Áries, compensou muita de sua deficiência física e infelicidade conjugal com sua excessiva serventia; de fato foi o mais prestativo e humildade dos olímpicos, como assegura Brandão (1987).

Acompanhemos De Ciantis (2017, p. 137):

> Entre os doze deuses olímpicos do panteão governado por Zeus, Hefesto é o construtor, e o catálogo de suas criações é vasto, desde as mansões de bronze dos deuses olímpicos até o cetro de Agamenon, o fatídico colar de Harmonia e o raios de Zeus. Os chamados Hinos Homéricos - assim chamados porque aparecem totalmente dois séculos após os épicos homéricos - incluem hino a Hefesto [...] onde é homenageado tanto por sua metis (des-

> treza) com pelo seu techné. Os requisitos da "concepção homérica" do techné compreendem o seguinte:
> 1) uma área limitada de especialização (por exemplo, tecelagem, construção naval), o domínio do qual é percebido como autoridade;
> 2) é produtivo e tangível;
> 3) é aplicável;
> 4) os seus resultados são visíveis para a população em geral como evidência de realização de um conjunto de habilidades especializadas;
> 5) é racional e transmissível através de explicação.
> Como Hino Homérico relata, o deus da tecnologia participa de uma ocupação que tem aspectos replicáveis. Ele também está especificamente preocupado com o bem-estar dos mortais, e de fato, sua posição em Atenas, um de seus principais locais de culto, coloca-o no centro de sua comunidade artesanal como patrono. Seu templo em Atenas (hoje o único mais bem preservado de todos os templos gregos antigos) fica abaixo da Acrópole, na borda do Keramikos, o distrito nomeado para seus artesãos residentes, que eram vitais para a economia da cidade[1]

Podemos adicionar mais elementos da escola arquetípica sobre estilos de consciência, a partir das matrizes inconscientes que modelam o ego. Quando o autor se refere a estilos de consciência, ele está considerando que determinadas imagens ou fantasias estão sendo regidas por deuses (arquétipos) específicos, dentro do olhar politeísta de James Hillman.

A consciência passa a não ser privilégio do ego. Ela é uma qualidade ou um estilo e, apesar de focal, está em mui-

1. Tradução livre do autor.

tos lugares psíquicos, mas não ao mesmo tempo. Hillman propõe que os mitos são capazes de ofertar possibilidades metafóricas, capacidades de consciências e também de fantasias (Fiamenghi, 2019).

O estilo hefaístico de consciência, poderíamos dizer, é aquele no qual a tecnologia poderia ser pensada e imaginada, pois une as habilidades, o raciocínio, a ação prática, a concepção das formas e organização do espaço arquitetônico. Seria o oficio que pode engendrar, fazer e entregar o que for necessário à boa adaptação humana em quaisquer circunstâncias humanas.

Como Jung (1949) viveu as duas primeiras guerras mundiais, quando a utilização de tecnologias de destruição marcou profundamente a sua geração e as seguintes, ele nos deixou profundas preocupações com o desenvolvimento desenfreado das ciências e da técnica, de seus artefatos e das conquistas tecnológicas. Esse hiperdesenvolvimento técnico e tecnológico é visto como uma *hybris*, uma arrogância da consciência que contribuiu para a dissociação psíquica entre a consciência racional e pragmática e a alma, que habita as profundezas psíquicas e o espírito do tempo, causando compensações terríveis e intenso sofrimento.

Refletindo sobre essa oposição entre a tecnologia e as raízes da alma humana, Jung elaborou veementes comentários que se encontram espalhados pelos diversos volumes de suas obras completas, em suas entrevistas, nos seminários e nos apontamentos dos biógrafos, onde reiteradamente manifestou extrema preocupação com o destino humano sob a brutal influência dos avanços tecnológicos.

A despeito de a tecnologia inequivocamente trazer inúmeros benefícios e confortos à vida humana, o desenvolvimento desenfreado da tecnologia produziu um estado de inflação da consciência com o comprometimento, direto e indireto, da sustentabilidade planetária, da relação predatória com a natureza e distorções nas relações interpessoais e subjetivas. As transformações proporcionadas pela evolução exponencial da tecnologia alteraram brutalmente as noções e vivências de espaço e tempo, variáveis fundamentais para o bom funcionamento do ego e da consciência.

A observação de Glauco Ulson (2002, p. 29) é pertinente para pensarmos a problemática da tecnologia em comparação com o desenvolvimento psicológico:

> O que surpreende quando atentamos para o problema da tecnologia é que, embora tenhamos desenvolvido uma quantidade imensa de novas técnicas para lidar com o mundo objetivo, as técnicas para lidar com o mundo subjetivo ainda são rudimentares, quando comparamos com as de outros campos do conhecimento. Os instrumentos de que dispomos para conhecer a psique são imprecisos e quando falamos no inconsciente a coisa se complica ainda mais.

De fato, o conhecimento científico e técnico ampliou dramaticamente a capacidade criativa do indivíduo de transformar a realidade. Essa aptidão, no entanto, está ancorada na natureza arquetípica da psique e isso que envolve contradições.

A consciência hefaística, o engenheiro ou o cientista que mora dentro de cada um de nós cria invenções, imagina máquinas, elabora aparatos, coagulando a criatividade a serviço da humanidade. A tecnologia desde sempre amplia e potencializa os recursos e aptidões do indivíduo.

A magia, a evocação, o ritual, as pedras, as madeiras, as lâminas são "antepassados" dos instrumentos de alta precisão, máquinas e aparatos incríveis, comunicação extraordinária, fármacos poderosos, inteligência artificial e robótica que aumentaram de forma exponencial nossa potência e conforto.

Essa consciência criativa que produz essa extraordinária tecnologia para ampliar a precariedade das condições biológicas e mecânicas é capaz de intervir no âmago da natureza, nos processos vitais, descobrir os mistérios da matéria e do funcionamento natural.

Após milênios de existência integrada ao mundo natural, o desenvolvimento técnico, o pensamento estratégico, o controle e a previsão, o pragmatismo e o domínio do conhecimento científico aprimoraram as condições de controle e domínio da natureza e dos processos naturais.

A dominação e a descoberta dos mistérios naturais permitiram uma inflação da consciência que é capaz de produzir tecnologia necessária para adaptação, sobrevivência e o desenvolvimento do bem comum: a faculdade de construir máquinas, processos, artefatos, meios e ferramentas. Se por um lado a tecnologia atende à evidente fragilidade física e à dependência vital para a sobrevivência na realidade humana empírica, cultural e social, por outro lado ela impõe uma supremacia da consciência humana sobre a natureza.

Jung (1988, p. 870) diz:

> O homem ocidental não necessita da superioridade sobre a natureza, tanto dentro como fora, pois dispõe de ambas as coisas de maneira perfeita e quase diabólica. O que ele, porém, não tem é o reconhecimento consciente de sua própria inferioridade em relação à natureza, tanto à volta como dentro de si.

De fato, o estado de inflação e arrogância humana revelou-se plenamente com o desenvolvimento das ciências bioquímicas e biológicas no século XVII e sua associação com as invenções trazidas pela Revolução Industrial dos fins do século XIX.

A partir destas revoluções cientificas e técnicas, o domínio da natureza tornou-se um desafio constante na busca do elixir da vida, na utopia de vida plena, como no jardim do Éden. O humano procura o conhecimento profundo da sua natureza físico-química, o controle e a previsibilidade possível. Essa parceria da ciência e indústria proporcionou a fabricação em larga escala de produtos, mercadorias e serviços inacreditáveis, mas que cobraram o seu preço. Os confortos e os melhoramentos obtidos pela tecnologia de ponta acabaram também por destruir e intoxicar em dimensões planetárias e pôr em risco a condição de vida no espaço urbano-industrial e pós-industrial.

Embora hoje tenhamos um formidável arsenal tecnológico nas mais diversas áreas e setores da cultura e sociedade, alcançando níveis fantásticos de desenvolvimento e qualidade de vida que apontam a melhoria da condição humana, damo-nos conta que a experimentação e a exploração da racionalidade científica nem sempre está a serviço da alma e do processo de individuação.

De fato, hoje lamentamos os diversos efeitos diretos e colaterais desse desenfreado "desenvolvimento", como resultado do espaço vital desnaturado, enquanto os efeitos nocivos de invenções destinadas à guerra e a atividade nuclear põem em risco a vida humana e do planeta.

Convivemos com os produtos de alta tecnologia nesse ambiente híbrido, pois ainda que a tecnologia atenda plenamente às necessidades essenciais ou que vá muito além delas, como a criação de necessidades de um mercado apoiado no consumo de larga escala, ela está em franca oposição à alma individual e coletiva.

Na citação abaixo, Jung é enfático:

> [...] O europeu, pelo contrário, pode fazer montanhas saltarem pelos ares, e a guerra mundial nos deu um antegosto amargo de tudo quan-

> to ele é ainda capaz de fazer, quando seu intelecto alienado da natureza se liberta de todos os freios.
> (Jung, 1988; OC X: 868)

Quais os efeitos da vida humana convivendo com alta tecnologia? Considerando o espírito de nossa época, a contemporaneidade, de viés pós-industrial e pós-moderno, as tecnologias ocupam mais e mais um lugar determinante em nosso *modus vivendi*. Jung continua:

> Graças ao desenvolvimento histórico, o europeu se distanciou de suas raízes, e seu espírito terminou por cindir-se entre fé e saber, da mesma forma que qualquer excesso de natureza psicológica se dissolve nos pares de opostos.
> (Jung, 1988; OC X: 868)

Ela interfere diretamente na alma individual e coletiva, alterando nosso funcionamento, para o bem e para o mal, baixando os limiares narcísicos que incentivam a exposição contínua, a busca da *performance* (Lhosa, 2013), o pragmatismo e extroversão num mundo instável, líquido e acelerado.

Somos maníacos e intoxicados pelo excesso de informação digital, como nos lembra James Hilmann (2015). *Fake news,* pós-verdade, distúrbios conotativos sobre a realidade. Dúvidas, incertezas e medo. Tempo da irrupção generalizada de ansiedade e pânico e em consonância, elevado consumo de fármacos e alimentação descompensados com produtos alimentícios industrialmente hiperprocessados.

A tecnologia torna-se o objeto de desejo do consumo contemporâneo; estímulo à produção em massa dos produtos substituíveis com obsolescência programada que nos governa e nos envolve em círculos infernais que nos afeta.

Embora a concepção dos estilos de consciência propostos pela psicologia arquetípica seja interessante e criativa, ela não nos elucida a complexidade das relações profundas entre tecnologia, alma e consciência humana.

4 Por uma metáfora alquímica

Antes de considerarmos uma abordagem alquímica para as relações entre tecnologia e alma, podemos pensar nas complexidades envolvendo os pares de opostos, conforme indicado por McGill e Parry (2014, p. 421):

> O princípio da unidade dos opostos tem sido interpretado das seguintes maneiras:
>
> 1. (a) A concepção (ou percepção) de qualquer coisa envolve a concepção (ou percepção) de seu oposto.
>
> Entender qualquer coisa é distingui- la de seu oposto.
>
> Isso é reconhecido por lógicos não dialéticos. Para perceber qualquer coisa é preciso distingui-la de seu fundo, que é necessariamente diferente

(ao contrário) na cor ou no sentido-qualidade.

(b) A existência de uma coisa envolve a existência de um oposto.

A existência de uma coisa depende da existência de outras coisas, ligadas a ela por uma relação necessária: Assim, por exemplo: sem empregador implica sem empregado. Esse princípio não se sustenta universalmente para contrários ou contraditórios. Assim, a existência de homens falíveis não implica a existência de homens infalíveis, embora a existência dos homens (biologicamente) implica a existência de não homens, por exemplo, plantas ou animais.

2. Os opostos polares são idênticos.

3. Uma coisa ou processo concreto é uma unidade de determinações opostas.

4. Um sistema ou processo concreto é simultaneamente determinado por forças, movimentos, tendências, ou seja, direcionados a A e -A.

5. Em qualquer continuum concreto, seja temporal ou não temporal, há um meio termo entre dois opostos contíguos nas propriedades A e -A, ou seja, um trecho do continuum onde não é verdade que tudo é A ou -A.

6. Em qualquer continuum concreto, há um trecho onde algo é tanto A e -A2.

Avançando na questão dos opostos, não seria melhor pensarmos em outro paradigma? Sugerimos uma metáfora alquímica que trata do par de opostos tecnologia e alma

2. Tradução livre do autor.

operando em favor de *coniunctios* intensas e transformadoras para o homem contemporâneo. Essas *coniunctios* podem trazer consequências tanto positivas quanto negativas.

Assim, nos sentimos obrigados a refletir sobre a relação que estabelecemos com a tecnologia e com a alma, em busca de uma compreensão mais ampla que pudesse contemplar a magnitude e a extensão do fenômeno tecnológico que nos envolve cotidianamente. Estamos visceralmente dependentes do mundo tecnológico. Não conseguimos nos imaginar sem ele e seus benefícios extraordinários.

A complexa relação entre tecnologia e alma pode ser mais bem formulada dentro da metáfora alquímica, como um par de opostos cujos polos encontram-se dissociados, mas que podem se reconciliar na condição de *coniunctio.* Como justificar tecnologia e alma como par de polos opostos?

A tecnologia é fruto das descobertas e das invenções da consciência humana, da elaboração e do refinamento em laboratórios e centros de pesquisas científicas, através de métodos empíricos verificados à exaustão. Em outro polo, está a alma humana, aqui entendida como psique ou anima, fonte inesgotável da vida e da riqueza simbólica permeada pelo inconsciente coletivo e pelas suas matrizes arquetípicas. As características de cada polo são antagônicas: de um lado intencionalidade, racionalidade, repetição, planejamento e praticidade, atributos relacionados à consciência, e de outro lado, o caráter involuntário, profundo, criativo e autônomo da psique humana.

Talvez por isso estejamos mergulhados numa **vida líquida** (Baumann, 2005), em uma **intoxicação mercurial** (Hillman, 2011), em uma **saturação sulfúrica** (work in progress), que refere-se à contaminação de enxofre na vida política partidária, publica e institucional, e caminhando para a indiferenciação regressiva e dissociativa ameaçadora.

Esse *complexio oppositorum* usualmente apresenta dissociação dos seus polos antagônicos, valorizando os benefícios e frutos sociais naturalizados e desejados pela consciência coletiva. Ou seja, quando a face benfazeja prevalece, podemos falar de uma *coniunctio* do tipo consciência e alma, formando um todo almado. Do contrário, os opostos permanecem em tensão, inconciliáveis, e a tecnologia fica conectada somente ao logos frio, inumano.

Pensando nos 3 níveis de *coniunctio* descritos por Jung em *Mysterium Coniunctionis*, temos

> [...] O *elixir vitae* (elixir da vida) da ciência moderna já elevou consideravelmente a expectativa de vida e espera resultados ainda melhores. A *unio mentalis* (união mental), entretanto, esmaeceu-se e a *veritas christiana* (verdade cristã) se sente na defensiva. A respeito de uma *veritas* (verdade) oculta no homem, já nem se fala. A história impiedosamente recuperou o que o compromisso alquímico havia deixado sem terminar; inesperadamente o homem físico passou para o primeiro plano e se apossou da natureza em uma medida impossível. Justamente com ele também sua alma empírica se tornou conscien-

> te, ao ter-se libertado do cerco do espírito e ao ter-se tornado uma forma de tal modo consciente que os traços individuais dela até se tornaram objeto de observação clínica. Há muito tempo ela já não é um principio vital ou qualquer outra abstração filosófica, mas até se tornou suspeita de ser apenas um epifenômeno da química cerebral. Também já não é espírito que lhe dá vida. [..]
> (Jung, 1990; OC XIV/2: 430)

As invisibilidades promovidas pelos benefícios e vantagens tecnológicas nos impedem leituras coletivas distópicas.

Concluímos, sempre provisoriamente, que é mais vantajoso utilizarmos esse paradigma de feição alquímica para contemplarmos a complexidade da relação tecnologia-alma, que segue celeremente seu curso sem que saibamos o que dela esperar. Nossa imaginação e fantasia cada vez menos otimistas apontam para cenários distópicos e perturbadores.

Referências

Bauman, Z. (2005). *A comunidades na sociedade líquida.* Rio de Janeiro: Zahar.

Brandão, J.S. (1987). *Mitologia Grega.* Vol. I, Rio de Janeiro: Vozes.

Elysée Belt. (1990) Comercial. Recuperado de https://

www.youtube.com/watch?v=d2e_c6QkHXU

De Ciantis, C. (2017): The Gait of Hephaistos: Crooked Perceptions into Consilience, *Icono* 14, 15 (1), pp. 128-148.

Fiamenghi, A. (2019) *Por uma clínica imaginal - quem fala em nós*? Uma reflexão sobre o manejo clínico na psicologia arquetípica. Recuperado de www.alinefiamenghi.site

Lhosa, M.V. (2013) *A Civilização do Espetáculo*. São Paulo: Cia. Das Letras.

Hillman, J. (2011). *Psicologia Alquímica*. Petrópolis: Vozes.

Hillman, J. (2015). *Mythical Figures*. v. 6. Dallas: Spring Publications.

Jung, C.G. (1949) O Efeito da Tecnologia sobre a Psique Humana. In: *Obras Completas.* (Vol. XVIII). Petrópolis: Vozes. (Trabalho original de 1949)

Jung, C.G. (1988). Psicologia e Religião Oriental. In: *Obras Completas* (Vol. XI/5). Petrópolis: Vozes. (Obra original publicada em 1936)

Jung, C. G. (1990). Mysterium Coniunctionis. In: *Obras Completas*. (Vol. XIV/2). Petrópolis: Vozes. (Obra original publicada em 1957)

Mcgill. J e Parry, W.T. (2014). *The unity of opposites: a dialectical Principle*, Ontario CAN: in S&S Quarterly, Inc. Guilford Press.

Oliveira, E.A. (2008). *A técnica, a techné a e a tecnologia*, vol II número 5, Itinerarius Refletionis. Recuperado de https://www.revistas.ufg.br/rir/article/view/20417

Ulson, G. (2002) A Tecnologia e a Alma. In Z.G.Giglio & J. Giglio (Orgs.) *Anatomia de uma Época: olhares junguianos através do binômio eficiência/transformação* (p. 25- 31). Campinas: IPAC.

Anexo - O Efeito da Tecnologia sobre a Psique Humana

Obras Completas de Carl Gustav.Jung, vol. XVIII parágrafos 1403 a 1407 (carta de 14.09.1949)

Prezados senhores,

[1403] Como podem facilmente supor, a pergunta que me fizeram a respeito do efeito da técnica sobre a psique humana não pode ser respondida de pronto. O problema é de natureza bem mais complexa.

[1404] A tecnologia consiste de certos procedimentos inventados pelos homens, por isso não é algo que está fora da esfera humana. É possível supor então que existam modos humanos de adaptação que correspondem a exigências da técnica. As atividades técnicas consistem em geral na repetição idêntica de certos procedimentos rítmicos. Isto corresponde ao esquema básico do trabalho primitivo que nunca era executado sem ritmo ou sem um canto que o acompanhasse. O primitivo, ou seja, o ser humano ainda relativamente instintivo, suporta uma carga incomum de monotonia. Ela possui inclusive algo de fascinante para ele. Quando o trabalho é acompanhado pelo som do tambor, é capaz de exaltar-se até o êxtase, ou a monotonia da ação o faz cair num estado de semi-inconsciência, que também não é desagradável. A pergunta que naturalmente se faz é esta: como atuam esses elementos primitivos sobre o homem moderno que não possui mais a capacidade de cair em estados duradouros de semi-inconsciência ou de êxtase?

[1405] Podemos dizer em geral que a técnica representa para o homem moderno um desequilíbrio que gera insatisfação no trabalho e na vida. Afasta o homem da versatilidade natural de suas ações e deixa inexplorados muitos de seus instintos. Como consequência, temos uma resistência cada vez maior contra o trabalho em geral. O remédio seria deslocar a indústria para fora das cidades, um período de trabalho de quatro horas e o resto do tempo trabalhar na terra, num terreno que fosse propriedade do trabalhador – se algo parecido fosse possível. Na Suíça isto poderia ser feito com o tempo. Outra coisa naturalmente é a mentalidade proletária de grandes populações operárias, mais isto é um problema à parte.

[1406] Considerada em si mesma, como atividade humana legítima, a tecnologia não é boa nem má, não é perigosa nem inofensiva. Usá-la para o bem ou para o mal depende exclusivamente da atitude humana que, por sua vez, depende da tecnologia. O técnico tem um problema semelhante ao do trabalhador industrial. Como está sempre lidando com fatores mecânicos, existe o perigo de se atrofiarem suas outras capacidades mentais. Assim como uma dieta unilateral é perniciosa para o corpo, também a unilateralidade psíquica produz efeitos perniciosos com o tempo e necessita ser compensada. Observei muitas vezes em minha atividade prática que sobretudo os engenheiros desenvolveram tendências claramente filosóficas, o que é uma reação sadia e uma compensação. Por isso sempre recomendei à Escola Técnica que cultivasse algumas disciplinas intelectuais, para ao menos lembrar aos estudantes de que algo neste gênero existe e que, ao se apresentar uma necessidade desse tipo, pudessem recorrer a ele.

[1407] A tecnologia não é mais perigosa do que qualquer outro campo do desenvolvimento da consciência humana. O perigo não está na tecnologia, mas nas possibilidades implícitas na descoberta. Sem dúvida, uma nova descoberta não será usada só para o bem, mas certamente também para o mal. O homem sempre corre o risco de descobrir algo que possa destruí-lo, se dele fizer mau uso. Já chegamos muito perto desse perigo com a bomba atômica. Diante desses desenvolvimentos ameaçadores cabe a pergunta se o homem está dotado de juízo suficiente para resistir à tentação de usar essa possibilidade para fins destrutivos, se sua constituição lhe permite suportar tais catástrofes. Só a experiência poderá responder a esta pergunta.

Capítulo 3

CONFLITO ENTRE ONTOLOGIAS: REVISITANDO C.G. JUNG E G. SIMONDON[1]

Amnéris Maroni

1. Nova Antropologia e Antropoceno

Sigmund Freud (1917/2014), nas "Conferências Introdutórias à Psicanálise", afirma que a humanidade conhece três feridas narcísicas: a primeira com Copérnico: a teoria heliocêntrica do sistema solar, deslocando a Terra do centro do universo; a segunda com Darwin: teoria da evolução das espécies que roubou a aparente superioridade do homem, obrigando-o a descer ao reino animal; a terceira, proposta pelo próprio Freud, por meio da psicanálise: o eu/a consciência não são os donos da sua própria casa, vale dizer, muitos dos nossos pensamentos e das nossas ações são inconscientes.

1. O presente artigo foi objeto de discussão no XI Simpósio de Psicologia Junguiana do IJUSP, nos dias 2 e 3 de agosto/2019, em São Paulo, intitulado "Tecnologia e Alma". Apontamentos em relação a um vasto programa de estudos, em andamento, que abarca, no mínimo, três áreas: a nova antropologia, a filosofia de Gilbert Simondon e o pensamento de Carl Gustav Jung.

Brincando com essa questão, quero anunciar uma quarta ferida narcísica, não prevista por Freud, e enunciada pela nova antropologia nas últimas décadas: nosso estatuto da realidade não é universal e se transforma[2]!

Através de um cuidadoso trabalho etnográfico, nas últimas décadas os antropólogos trouxeram à tona ontologias diversas e, com elas, múltiplos estatutos de realidade. A nova antropologia (Philippe Descola, Eduardo Viveiros de Castro Tim Ingold, Marylin Strathern, Mauro de Almeida, entre outros) vem fazendo uma experiência de pensamento que começa por reconhecer no discurso do nativo não ocidental a posse do 'sentido de seu próprio sentido' (Castro, 2012, p. 115, citado por Valentim, 2018, p. 165); a teoria pretende favorecer a "descrição das condições de autodeterminação ontológica dos coletivos", "promovendo, ao mesmo tempo, o efeito reverso do pensamento desses coletivos

---

2. Em artigo recente, Mauro de Almeida (2013) propôs que as ontologias podem ser compreendidas como "acervos de pressupostos sobre o que existe" e as relações entre os existentes. Os "encontros pragmáticos" não existem para o antropólogo enquanto tais, como poderia supor um neopositivista, pois são sempre devedores de uma ontologia. Dito de outra maneira, as ontologias dão sentido, ou permitem interpretar encontros pragmáticos — e vão além de qualquer encontro particular, independente do seu número. Mauro de Almeida dá saborosos exemplos de ontologias múltiplas e incompatíveis, mas que convivem e também de ontologias que se destroem na floresta amazônica. Ora, essas ontologias não estão fechadas em si mesmas, em mundos isolados; antes esses "pressupostos sobre o que existe" são, por natureza, constituídos de conexões e transformações. Como Mauro Almeida explicitou, esses pressupostos só se tornam compreensíveis durante processos de conexão presentes nos "encontros pragmáticos". Vale dizer, uma ontologia não pode ser vista e compreendida como um todo completo; ela só se revela nos "encontros pragmáticos" e, então, na tradução de umas pelas outras — ou não! Só através dos "encontros pragmáticos" apreendemos as ontologias que os informam, bem como suas conexões e transformações. Essas ontologias múltiplas podem coabitar muito embora sejam conflitivas entre si.

sobre a antropogênese do ocidente" (Castro, 2015, p. 24-25, citado por Valentim, 2018, p. 165). Essas proposições, comentadas abaixo, ficaram conhecidas na literatura antropológica das últimas décadas como "virada ontológica" e seu potencial político é atribuído a Viveiros de Castro (2012).

Philippe Descola (Descola & Scarso, 2016[3]), em uma entrevista publicada em várias línguas, comenta o livro "Além da Natureza e da Cultura" (*Par-delà nature et culture*, 2005). Como outros antropólogos — Eduardo Viveiros de Castro, Tim Ingold, Marylin Strathern — Descola critica a distinção entre natureza e cultura. Essa distinção não é um atributo intrínseco do ser — mas uma entre as possíveis modalidades de organização ontológica. O antropólogo traz à tona, em uma vasta e erudita pesquisa, quatro ontologias. Na origem dos diferentes sistemas ontológicos, há uma característica humana, que Descola considera universal: a distinção entre experiência "interna" e mundo "externo". Essa diferenciação originária é acompanhada de outro mecanismo cognitivo fundamental: os tipos de relação que se estabelecem entre o interno e o externo, ou seja, as "modalidades de identificação". Descola *des-vela*, então, quatro ontologias: 1) os naturalistas do ocidente moderno, que pautaram toda a sua compreensão em uma radical distinção entre natureza e cultura, a experiência interna, a alma, a subjetividade, está associada ao humano; a todos os demais seres isso é negado; 2) para a ontologia animista — povos nativos das Américas — a experiência interna é um atributo potencialmente universal e comum a todos os

3. A entrevista é de 2012 e foi parcialmente publicada em francês e em inglês.

entes; todos os seres são animados e mantém entre si, digamos assim, intenso diálogo, um mundo de conexões; 3) na ontologia totemista — aborígenes da Austrália — os entes e os lugares da terra de onde provém (seres humanos, animais, localidades, objetos) se distribuem em blocos diferentes, com propriedades *sui generis*, a partir de um mesmo princípio totêmico e há uma íntima correspondência, quase uma coincidência, entre a experiência interna e externa; 4) para a ontologia analogista (China antiga, México na época da conquista) os entes diferem tanto do ponto de vista interno como externo e as relações entre eles devem ser construídas e reconstruídas incessantemente. Cada uma dessas ontologias tem um regime particular de temporalidade e, só a ontologia do ocidente, é marcada pela flecha do tempo, "para frente", em um progresso sem fim!

Essas ontologias nunca se encontram em estado puro. Tipos predominantes estruturaram e estruturam distintamente as diferentes áreas do globo e distintas épocas históricas. Ontologias dominantes convivem e — se conflitam — com as ontologias menores.

Para Descola, a ontologia moderna ocidental, está vertendo água por todos os lados, está em crise. Essa é a grande novidade[4]!

4. Essa novidade está presente, hoje, na nossa relação com os animais: um certo alargamento de proteção dos direitos animais; a Constituição do Equador, que reconhece a natureza como sujeito de direito, e então com direitos específicos e intrínsecos; a luta dos coletivos analogistas andinos contra as mineradoras, não tanto por causa dos danos ambientais "mas antes pelas perturbações que a exploração mineira traz aos lagos e às montanhas e pelos temores das reações negativas que essa agressão pode suscitar". O que está posto, então, como possibilidade, é uma nova cosmopolítica muito mais pluralista.

Apesar da imensa novidade aberta por Descola, seu posicionamento é bem pouco agressivo. Ao contrário de Tim Ingold e de Eduardo Viveiros de Castro, Descola recusa o conflito entre as ontologias. Todas as ontologias têm seus méritos — inclusive, claro, a ontologia moderna/ocidental. As diferenças ontológicas hão de estar a serviço — na sua compreensão — do pensamento, da filosofia e não da política.

Viveiros de Castro construiu o modelo do perspectivismo ameríndio a partir de seu trabalho entre os Arawetés do rio Xingu, na Amazônia brasileira, mas também da leitura de um vasto número de etnografias da mesma região e foi compondo seu modelo com estudantes sob sua orientação e outros pesquisadores. O perspectivismo ameríndio é fruto de uma literatura que provém, de um lado, das cosmologias, mitos e rituais dos ameríndios; de outro lado, das cosmologias 'animistas' de caçadores e extrativistas, os assim chamados povos nativos ao redor do mundo (Castro, 2008).

Viveiros de Castro impactou a antropologia internacional com o "novo animismo" em debate com P. Descola e Tim Ingold, entre outros. O perspectivismo ameríndio surge então como resposta a esse debate (Holbraad & Pederse, 2017): acrescentando à concepção clássica de animismo a afirmação da "humanidade universal dos seres".

Cito Viveiros de Castro (2010), escolhendo propositalmente fragmentos de uma palestra feita para psicanalistas.

> [...] O mundo ameríndio tem um modo específico de conceber as coisas. Classicamente é o que os antropólogos chamam de animismo. A ideia de que o mundo inteiro é composto de pessoas. A espécie humana não é a única dotada das características que nós, ocidentais, damos a ela. As árvores falam ou pensam, os animais são gente (por debaixo daquela aparência animal, eles se revelam, quando estão longe das nossas vistas, como sendo iguais a nós). Em suma, essa ideia de que o mundo é um mundo encantado, em que tudo é animado [...] E nós imaginamos que nesse mundo tudo é muito confortável. Posso garantir que não é. Ao contrário, se tudo é humano, tudo se torna extremamente perigoso. Se todas as coisas são dotadas de intenção, de vontade, de raciocínio e de capacidade de comunicação, administrar o mundo, viver, torna-se uma tarefa muito perigosa [...] Esse animismo indígena começa por essa ideia de que todos os seres são humanos, possuem uma essência humana, por baixo da sua aparência não humanoide [...] E que cada espécie, na verdade — é um pouco a conclusão que você pode tirar dos mitos — é potencialmente dotada desse *fundo comum de humanidade* e que toda espécie é humana para si mesma [...] E eles normalmente dizem que essa parte invisível, esse componente invisível dos animais, das plantas, das outras espécies, que é humanoide, é o que chamam de alma. A alma do animal é humana. Todos os animais possuem uma alma humana, donde a ideia de animismo. Isso tem uma alma e, tendo uma alma, essa alma é necessariamente semelhante à nossa [grifos nossos] (Castro, 2010, p. 20).

Dois trechos da palestra de Viveiros de Castro (2010) para a Revista Brasileira de Psicanálise de São Paulo facilitarão a compreensão da relação entre natureza e cultura no ocidente e nos povos ameríndios:

> [...] os índios estão perfeitamente conscientes de que esta característica de se ver como gente é a coisa mais bem distribuída do mundo. Então, não é um mundo em que tudo é humano. Tudo é humano, mas ao mesmo tempo, nada é humano. Os porcos do mato, quando veem os humanos, não nos veem como gente, eles nos veem como onças ou espíritos canibais, porque nós matamos e comemos porcos. Se você come porco é porque não é porco. Se você come gente é porque você não é gente. Da mesma forma, as onças, que comem os humanos, não nos veem como humanos. Elas se veem como humanas e nos veem como porcos, visto que nos atacam e comem, exatamente, como nós fazemos com os porcos [...] (Castro, 2010, p. 20-21).

Para os ameríndios a condição humana é profundamente incerta, porque depende do olho do outro. A condição humana é uma conquista, uma luta constante entre pontos de vistas que povoam o universo. Cito ainda um último trecho:

> [...] A ideia clássica do mundo indígena é que diante de um animal que você encontra na mata para caçar, é fundamental não enxergar o lado humano dele. Se você chegar a vê-lo como hu-

> mano, ele ganhou a guerra e você passou para o lado dele. Você se tornou um animal como ele, por que foi capaz de vê-lo como humano e, portanto, perdeu sua humanidade enquanto tal. Em outras palavras, você se tornou um animal, você está doente. Você teve sua alma raptada por aquela humanidade alienígena. E essa metáfora da perspectiva é que me fez chamar essa configuração de "perspectivismo" [...] (Castro, 2010, p. 21).

Na ontologia naturalista ocidental: a natureza é universal (mundo exterior estável e objetivo) e culturas particulares (mundos internos variáveis e subjetivos e também culturas diferentes). Temos uma única natureza e múltiplas culturas. Ou ainda, diferentes soluções culturais para um problema natural comum. Ora, a sociedade ameríndia se diz de outra maneira: a cultura é universal. É a cultura que aproxima todos os pontos de vista, todas as sociedades, todas as espécies (Castro, 2010). O que distingue cada espécie e cada ponto de vista é a natureza, para usar a nossa linguagem é o corpo. O corpo separa, a alma une![5] "Mundo virado do avesso" (Castro, 2010, p. 25) — nas palavras mesmo de Viveiros de Castro. Os ameríndios têm muitas naturezas e uma única cultura.

---

5. Se para nós, a conversão da alma é o tema fundamental, para os indígenas o é a metamorfose/xamanismo. Nas culturas indígenas, a ideia de possessão da alma — almas que entram em corpos e tomam corpos — não é importante nas religiões ameríndias. O que importa para os ameríndios é a saída da alma para ocupar outros corpos. O pajé ou xamã indígena não é um possesso, como o médium clássico europeu ou africano, mas um "ex-corporado": alguém cuja alma sai viajando e "é a alma que adota os pontos de vista diferentes das outras espécies e não um veículo para receber alma alheia" (Castro, 2010, p. 24).

Vale dizer, há um descentramento radical da humanidade e uma recusa prévia de fundamentalidade perante outras formas de pensamento (Valentim, 2018). Nas palavras de Viveiros de Castro: para os indígenas, "tudo é gente: o que não falta é alma, o que não falta é sujeito no mundo" (Castro, 2010, p. 25). E, em sendo assim, há comunicação em excesso. É preciso que os ameríndios criem zonas de silêncio, bolsões de proteção "contra essa música de fundo, esse ruído cosmológico de fundo, que é muito alto" (Castro, 2010, p. 25). O problema indígena é cortar, pois tudo está conectado. Ao contrário, para nós tudo está separado e o problema é fazer a sociedade, a comunicação, a conexão, o contato (Castro, 2010, p. 26). Ainda Viveiros de Castro: "...os índios são exatamente como nós. Isto é, não podiam ser mais diferentes" (Castro, 2010, p. 26).

Ontologia difícil de ser compreendida exatamente porque seu sentido nos escapa, tamanha a sua diferença. Como já dissemos, a Viveiros de Castro é atribuída a "virada ontológica": concernindo a ontologia[6] à antropologia e explicitando a ontologia em termos políticos (Holbraad & Pedersen, 2017). Como Viveiros de Castro sugere, é preciso levar os povos ameríndios à sério, acolhendo os desafios que eles nos propõem em relação às nossas ideias, crenças, pontos de vistas, culturas, *epistemês*. Levá-los à sério significa confrontar-nos, nós ocidentais e partícipes da ontologia ocidental, com outras ontologias e também nos transformar

6. Que absolutamente não se confunde, na compreensão de Viveiros de Castro, com a epistemologia.

no contato com ontologias outras e, no caso em pauta, com as ontologias ameríndias — como sugere Viveiros de Castro, e como apontei antes com o belíssimo escrito de Mauro de Almeida, no início do artigo (Almeida, 2013).

Mas o que, efetivamente, tem posto em questão a ontologia naturalista — moderna, ocidental — é a catástrofe ecológica. Eis que no ocidente, a partir dos anos 90 do século passado, as transformações em curso do regime termodinâmico trouxeram à tona os discursos atuais sobre o "fim do mundo", discutidos no livro "Há mundo por vir?", de Déborah Danowski e Eduardo Viveiros de Castro (2014).

O período que estamos vivendo agora tem sido nomeado pelos cientistas como Antropoceno — saindo assim do Holoceno que se iniciou há 12 mil anos, época das últimas glaciações — e nele a transformação de nossa espécie de simples agente biológico em uma força geológica cujas ações continuarão visíveis por milênios: alterações bruscas na composição da atmosfera, toneladas de plástico, rejeitos radioativos e outros rastros de nossa passagem devastadora pela Terra. Muito embora tenha começado conosco, provavelmente terminará sem nós e nesse sentido o Antropoceno "é uma época no sentido geológico do termo, mas ele aponta para o fim de uma 'epocalidade', enquanto tal, no que concerne à espécie" (Danowsky e Castro, 2014, p. 16). Discute-se quando o Antropoceno se iniciou: na revolução industrial? Intensificou-se após a Segunda Guerra Mundial? Não há consenso.

Déborah e Eduardo começam pelo fim: a catástrofe já aconteceu[7] e, com ela, a suspensão das maneiras como o tempo costumava passar. Não há mais razão, cientificamente falando, para nos perguntarmos se as mudanças climáticas são reais ou não, se são antropogênicas ou não, nem se as suas consequências são ou serão graves. Isso tudo está aceito pela comunidade científica — ou, ao menos, pela maioria dessa comunidade. O que está em questão, em aberto para a discussão, é a dimensão desse fenômeno, a velocidade do aumento da temperatura, o índice do derretimento das geleiras, a elevação do nível do mar, quais serão as consequências para a produção de alimentos e o que advirá daí em termos sociais e políticos. O que hoje importa discutir é se há ou não saídas para a catástrofe — e não se catástrofe vai acontecer — e onde elas estariam.

Com o Antropoceno, outras questões passam para a pauta, já que ele marca um colapso de escalas e a história do planeta e a da espécie humana, antes nas mãos de disciplinas distintas, agora se confundem e, como diz Viveiros de Castro: "O capitalismo passa a ser um episódio da paleontologia!" Vale dizer, se compreendermos, até o fim, que a espécie humana se tornou uma força geológica, nossas bases conceituais ruirão e já estão ruindo, entre elas, a distinção fundamental da *epistemê* que, desde sempre, — desde a modernidade! — distinguiu as ordens cosmológicas e antropológicas e também a história humana e a história natural.

7. Estive no mês de setembro/2014 na casa Rui Barbosa, Rio de Janeiro, no seminário internacional "Mil nomes de Gaia" — reunião de pensadores de vários países que refletiram sobre a mudança do clima e a crise ambiental global — e, confesso, saí de lá surpresa, transformada na minha maneira de pensar o mundo.

Cito Déborah e Viveiros de Castro (2014):

> O primeiro nome [referem-se ao 'Antropoceno'] designa um 'novo tempo', ou antes, um novo tempo do tempo — um novo conceito e uma nova experiência de historicidade — no qual a diferença de magnitude entre a escala da história humana e as escalas cronológicas da biologia, e da geofísica diminuiu drasticamente, senão mesmo tendeu a se inverter: o ambiente muda mais depressa que a sociedade, e o futuro próximo se torna, com isso, não só cada vez mais imprevisível, como, talvez, cada vez mais impossível (p. 107).

A belga Isabelle Stengers criou o termo "Intrusão de Gaia", retomando J. Lovelock, para caracterizar a irrupção irreversível do planeta no primeiro plano de nossas vidas: "... Gaia é o evento que põe nosso mundo em perigo, o único mundo que nós temos, portanto" (Danowsky e Castro, 2014). Cito, de novo, Déborah e Viveiros:

> O segundo nome [referem-se a Gaia], designa uma nova maneira de experimentar o "espaço", chamando a atenção para o fato de que o nosso mundo, a Terra, tornado, de um lado, subitamente exíguo e frágil, e, de outro lado, suscetível e implacável, assumiu a aparência de uma potência ameaçadora, que evoca aquelas divindades indiferentes, imprevisíveis e incompreensíveis do nosso passado arcaico. Imprevisibilidade, incompreensibilidade, sensação de pânico diante

> da perda de controle, senão mesmo da perda de esperança: eis o que são certamente desafios inéditos para a orgulhosa segurança intelectual da modernidade (p. 143).

Na compreensão de Bruno Latour, o Sistema Terra, doravante, nos ameaça como um sujeito histórico, um agente político, uma pessoa moral.

Associada a esses dois conceitos-experiências, tempo-espaço, há um sentimento difuso e crescente na cultura contemporânea de que os elementos de nossa mito-antropologia, a "humanidade", o "mundo" (a espécie e o planeta, as sociedades e seus ambientes, o sujeito e o objeto, o pensamento e o ser etc.) entraram, como dizem os autores, em uma conjunção cosmológica nefasta, associada aos nomes de Antropoceno e Gaia.

Mas o que essa discussão tem a ver com a psicanálise e a psicologia analítica? Não nos acostumamos, nós psicoterapeutas das escolas freudianas e junguianas, a pensar que a ontologia naturalista e/ou ocidental e/ou moderna é universal? Entre tantos outros universais como Édipo, como o inconsciente, como a divisão entre natureza e cultura, como a primazia do homem frente aos demais seres? E eis que agora nos aparece a "quarta ferida" narcísica — não enunciada nem pressentida por Freud — e nos deparamos com a compreensão do conflito entre ontologias, da catástrofe que nos aguarda em função de um modo de vida que exaure e destrói o planeta, expondo-nos de maneira radical ao entendimento que a ontologia ocidental/moderna não só não é universal, mas se transforma e está colapsando e então interessa-nos muito...

2. Ontologias em guerra

Os "acervos de pressupostos sobre o que existe" e a "relação entre os existentes" na ontologia moderna e ocidental, vista como hegemônica, se expressam através da divisão entre natureza e cultura, corpo e alma, *res extensa* e *res cogito* e o lugar ocupado pelo homem frente aos demais seres, que resulta no antropocentrismo; "pressupostos" que estão em conexão, e em confronto, com diversos outros "pressupostos", com diversas outras ontologias: com o perspectivismo ameríndio, por suposto, não paramos de ver essa guerra, que está em curso na Amazônia; mas também com o candomblé, com a umbanda, com a astrologia e, claro, com outras ontologias filosóficas e científicas: Gilbert Simondon, G. Deleuze, F. Guattari — muito embora não seja correto atribuir a esses últimos a construção de uma ontologia, é preciso insistir que são simondonianos. As ciências de ponta também fazem parte desta guerra: física quântica, a química de Prigogine etc.

Carl Gustav Jung ocupa um lugar especial nessa discussão e é urgente que o revisitemos com novas lentes e o situemos frente à ontologia naturalista/moderna. Que lugar sua teoria ocupa? Definitivamente, é preciso que leiamos "Jung sem Freud". Sonu Shamdasani (2005) o fez, sem, porém, contar com as lentes que oferecemos nesse artigo. Uma coisa é certa: Jung não atualizou a máquina antropológica[8], tal como Giorgio Agamben (2012) a concebeu!

A máquina antropológica de Giorgio Agamben, filósofo italiano contemporâneo, é um dispositivo central para pensarmos a antropogênese no ocidente. Em a "Máquina Antropológica", Agamben (2012) persegue uma aporia em Ernest Haeckel (biólogo) e no linguista Heymann Steinthal, refiro-me àquela que tenta explicar a origem do homem e a origem da linguagem[9]. A máquina não separa somente o homem do animal – e também o animal no homem; antes cria uma figura indiscernível sem linguagem, um homem-animal (*Tiermenschen*) e não um animal humano (*Menschentier*): tenhamos claro "é, assim, sempre e já uma espécie de homem e não uma espécie de animal" (Agamben, 2012, p. 110). Insisto: se se subtrair da linguagem a diferença entre o homem e o animal, anula-se, a menos que se imagine um homem não falante (homem-animal, homem-macaco), a ponte entre o animal e o humano. Este achado paleontológico inscrever-se-á na máquina antropológica moderna:

8 A nova antropologia de Eduardo Viveiros de Castro também não atualiza a máquina antropológica, pois recusa a questão "o que é próprio do homem?". Nas palavras de Viveiros: "...Recusar esta questão, a meu ver, é o gesto inicial de uma Antropologia contemporânea...". Segundo o antropólogo, é exatamente por termos posto demais essa pergunta "o que é próprio do homem"? Que estamos vivendo uma crise ecológica e cultural (Castro, 2010, p. 16).

9 Nas suas investigações sobre a origem da linguagem, Steinthal tinha avançado por conta própria, vários anos antes de Haeckel, a ideia de um estádio pré-linguístico da humanidade. Tentou imaginar uma fase de vida perceptiva do homem em que a linguagem não havia ainda aparecido e tinha-a comparado com a vida perceptiva do animal; procurou então mostrar de que modo a linguagem podia brotar da vida perceptiva do homem e não do animal (Agamben, 2012, p. 54).

recuando e excluindo o humano encontraremos o judeu, ou seja, o não homem produzido no homem — na máquina antropológica antiga, esse recuo, dará lugar para o escravo, o bárbaro, o estrangeiro. Essa figura indiscernível se reatualiza incessantemente na máquina antropológica moderna através do inumano, os judeus, nos campos de concentração e a vida nua: uma vida separada e excluída de si mesma. Como Agamben (2012) diz, no capítulo que vamos discutir a seguir, chamado "Antropogênese": "[...] o homem suspende a sua animalidade e, deste modo, abre uma 'zona livre e vazia' onde a vida é capturada e abandonada numa zona de exceção" (Agamben, 2012, p. 110). Agamben (2012) anuncia, também nesse mesmo capítulo, resultados provisórios da leitura que faz da máquina antropológica na filosofia ocidental; destaco duas teses: a) "A antropogênese é o que resulta da cesura e da articulação entre o humano e o animal. Esta cesura passa, antes de mais, no interior do homem" (Agamben, 2012, p. 109). Não é um evento que se realiza de uma vez por todas, mas um acontecimento em curso que decide, a cada vez e em cada indivíduo, acerca do humano e do animal, da natureza e da história, da vida e da morte; b) "O conflito político decisivo que, na nossa cultura, governa qualquer outro conflito é o que existe entre a animalidade e a humanidade do homem. A política ocidental é, portanto, *co-originariamente* biopolítica" (Agamben, 2012, p. 110). Concordamos com Agamben (2012) por tudo que dissemos nesse artigo que, hoje, "a máquina roda em falso" (p. 110).

3. Jung e a máquina antropológica

Diferentemente da psicanálise[10], a teoria de C. Gustav Jung não favoreceu a máquina antropológica — que separa incessantemente o animal do humano, a natureza da cultura[11]. A relação natureza-cultura em Jung não é cindida[12], como o é nos autores modernos. Ao contrário. Em um primeiro momento busquei em Jung, na teoria junguiana, a presença romântica — não nos esqueçamos que os românticos são irmãos-gêmeos dos iluministas e, portanto, mo-

10. A psicanálise, no século XX, aprofundou a ontologia naturalista, aplaudindo a divisão entre natureza e cultura: S. Freud (1930/2011) pensa a civilização (O mal-estar da civilização) retomando à perspectiva de Thomas Hobbes, o mais moderno dentre os modernos, autor do famigerado *Leviatã*. Os ecos desse livro, que marca o alvorecer da modernidade, estão também presentes em *Totem e Tabu* (Freud, 1913/1999). Acrescente-se que a psicanálise freudiana ajudou a máquina antropológica dando-lhe subsídios sofisticados já que sem tréguas bateu-se pela diferença entre *trieb* (pulsão) e *instinct* (instinto): a diferença entre a pulsionalidade que é humana e a instintividade que é animal. Essa formulação de base sustenta as demais diferenças e assegura o privilégio do humano, único ser a pensar, simbolizar, criar. Tais privilégios foram conquistados pela sublimação — alguns dizem pela repressão das pulsões/instintos, outra maneira de chamar o animal-no-homem.

11. Nos seminários em Polzeath, na Cornualha, em 1923, Jung interpretou os efeitos históricos do cristianismo. Para ele, o cristianismo eclesiástico "tinha uma atitude específica que levava à repressão do mundo da natureza e da carne, o animal, o homem inferior e a fantasia criativa..." [...] "Para que uma verdadeira humanidade seja possível, é necessário que haja uma relação com os animais..." [...] "Vemos assim que Jung identificava os animais com impulsos ou instintos. O animal, no homem, corresponderia a sua natureza animal, e os animais nos sonhos eram interpretados em geral como representações dos instintos. Uma tarefa muito importante da análise era "tornar-se animal" Shamdasani (2005, p. 274-275).

12. "Como o inconsciente coletivo continha não só os resíduos da evolução humana, mas também os da evolução animal, qualquer tentativa de chegar a bons termos com o inconsciente coletivo necessitaria de uma relação harmoniosa com o mundo animal. Não poderia haver individuação sem o estabelecimento de uma nova relação com os animais. O que precisava era um equilíbrio entre a civilização e a animalidade. O excesso de animalidade distorce o homem civilizado, mas o excesso de civilização [Kultur] deixa os animais doentes" (Shamdasani, 2005, p. 274-275).

dernos. Também perscrutei a presença de Nietzsche, cujo pensamento, sabemos todos, é extemporâneo — um crítico feroz da modernidade. Na segunda metade do século XX, as chaves românticas e nietzschianas, abordadas por muitos comentadores, foram profícuas. E, todavia, tais chaves nos paralisaram na ideia do sujeito, um sujeito capaz de expandir-se (romântico), um sujeito perspectivístico (nietzschiano), um sujeito individuado-individuante (Jung).

Depois de frequentar Gilbert Simondon, comecei a apostar que na teoria junguiana, cá e lá, aparecem intuições, sementes de uma ontologia não moderna — sementes que a faceta romântica e nietzscheana dessa teoria não explica. Insisto que é cá e lá, pois Jung tinha a pretensão de fazer ciência, ciência psicológica, e então não tinha estofo, recursos filosóficos para formular uma ontologia não moderna ou para além da modernidade — ontogenética, inspirada nos filósofos da natureza pré-socráticos, como o fez Simondon. Mas, cá e lá... sementes de uma ontologia não moderna parecem emergir no pensamento de Jung.

Por exemplo, Jung se sentia tentado a formular os instintos/arquétipo/imagens nos homens e nos animais (Shamdasani, 2005). É preciso que não nos esqueçamos da Maripousa da Yucca, paradigma junguiano, da ideia de arquétipos — em um momento em que a biologia não se sentia à vontade com a ideia do psíquico nos animais (Shamdasani, 2005, p. 278). Com isso, a alma (a imagem, a *re-flectio* do instinto, o arquétipo, o afeto) não é humana, mas pertence a todos os seres vivos. Não por acaso, a teoria junguiana conta com um apelo animista pois, no seu bojo organiza-se uma conversa infinita, diálogo incessante entre todos os seres, diálogo que Jung chamou de sincronicidade.

O corpo e a alma, na teoria junguiana, não são separados, florescendo a partir de duas substâncias, como o é na concepção cartesiana. Ao contrário, Jung trabalha com uma única substância: o corpo/instintos: vários instintos (a fome, o amor, a criatividade, a ação, a reflexão); o instinto de reflexão é muito específico e atua sobre todos os demais instintos impondo a eles uma "volta para trás" — *re-flectio* — e liberando imagens. É o que Jung chama de "instinto psiquizado" (Jung, 1934/1991). É assim que nasce a alma e também é assim que a alma se enriquece através das imagens. É preciso "fazer a alma": uma espécie de refrão dos junguianos.

Também a natureza e a cultura não são separadas/cindidas. Ao contrário, a cultura floresce — como todos os demais indivíduos — de um campo comum, de uma energia comum (Jung, 1948/1985). Some-se a isso que Jung, cá e lá, também resvala para uma ontologia analógica quando, muito próximo ao *I Ching*, pensa os padrões de temporalidade que colorem todos os aspectos da vida. Também o uso do método de amplificação (analógico) para interpretar os sonhos: o mitologema individual no sonho é amplificado nos mitos, contos de fadas; enfim os seres vivos contam com um *background* que Jung denomina inconsciente coletivo.

E, todavia, essa parafernália conceitual girava em torno da sua experiência principal, o processo de individuação.

Essa experiência se deu por volta dos inícios dos anos 10 do século passado, por ocasião da ruptura com Freud e sua descrição "Confronto com o inconsciente" é um dos principais capítulos de *Memórias, Sonhos e Reflexões.* O processo de individuação é, nas palavras mesmo de Jung, a contribuição principal da psicologia analítica à cultura. Todos os demais conceitos, insisto, giram em torno do processo de individuação. Reconheço nos escritos de Jung (1934/1991, 1948/1985, 1957/1987) dois paradigmas em torno da individuação. No escrito de 1948, "Energia Psíquica" (Jung, 1948/1985), a individuação é permanente e a progressão (adaptação)/regressão (individuação) da energia um processo constante na vida humana — talvez, de todos os seres vivos, se levarmos em conta que todos os seres vivos são animados. Em o "Eu e o Inconsciente" (1957/1987) e no escrito "Adaptação, Individuação e Coletividade" (1916/2012), o processo de individuação é descrito como sendo um acontecimento da idade adulta, da metade da vida. Primeiro a formular esse tipo de crise, Jung, como um grande buscador, passou a vida dando-lhe forma, contornos, compreensão e encontrou em um lugar inesperado, em velhos e desacreditados pergaminhos dos alquimistas, a descrição do processo de individuação. No paradigma junguiano, o indivíduo não é pensado como dado, constituído e acabado, pois nele a individuação, um processo energético, de morte e renascimento, pode, de novo, iniciar-se ainda uma vez. Ora, a individuação, nós sabemos, não é parte da ontologia naturalista, moderna, ocidental!

4. Gilbert Simondon e o processo de individuação

Só com essas chaves — refiro-me ao confronto entre ontologias em curso, ao colapso da ontologia naturalista e ocidental, ao antropoceno e à catástrofe que já aconteceu — a ontologia genética, ou a ontogênese de Gilbert Simondon ganha sentido e importância. Sua contemporaneidade, como veremos, nos convoca. É preciso e urgente pensar e viver de outra maneira. A ontologia genética, como os comentadores de Simondon a denominam, é base do pensamento contemporâneo: há nela uma recusa do indivíduo já dado, constituído e isolado; há, também, uma recusa do real individuado como ponto de partida.

Simondon (2005) critica o princípio de individuação de Aristóteles: composto de matéria e forma. Para o filósofo grego, interlocutor privilegiado de Simondon, a Matéria é indeterminada e a Forma molda a matéria. Exemplo a escultura. Cada indivíduo é um misto de forma e matéria. Para que algo tenha existência é preciso que uma Forma dê contorno a uma matéria indeterminada. A *entelecheia* de Aristóteles age na matéria e permanece-lhe exterior. É assim que se produz uma ordenação: todo ser existente é um indivíduo que excluiu o devir para poder ser. A Forma garante que o ser continue com a mesma essência. A crítica de Simondon ao esquema hilemórfico é, então, o cerne da sua concepção da individuação em devir, já que a partir desse esquema — hilemórfico/aristotélico — não é possível pensar a gênese e não é possível pensar o devir como dimensão do ser, quero dizer: Como os indivíduos nascem, como florescem sendo, como se transformam?

Resgatando os pré-socráticos, os chamados filósofos da natureza, e em particular Anaximandro com a noção de *apeiron*[13], Simondon propõe uma filosofia genética; o que lhe interessa é a gênese dos indivíduos em geral. Para Simondon, os indivíduos — todos eles, a mesa, os homens, animais, pedras, fenômenos meteorológicos, conhecimento, objetos técnicos, mitos — brotam a partir do pré-individual. Ser pré-individual é carregado de potenciais, de intensidades (diferença entre potenciais) transborda a si mesmo, supersaturado. O campo pré-individual é excesso de potência, de tensão, de desmesura/desmedido, pobre em estrutura, supersaturado.

Simondon articula três regimes de individuação (físico/vital/psíquico-coletivo-transindividual) que brotam do campo pré-individual/metaestável. Todos os indivíduos daí devém e devém com os seus meios associados (pré-individual/metaestável) alimentando, a partir do vivo, individuações permanentes. O conhecimento também é individuado e também experimenta individuações permanentes.

---

13. Para Anaxímandro (610 a.C. – 546 a.C.) esse elemento primevo é o Ilimitado/Apeiron: matéria prima a partir da qual se engendram seres limitados. Carregamos em nós mesmos o Ilimitado do qual proviemos e o Ilimitado nos permite "possíveis porvires". Trata-se então de uma redefinição do que compreendemos por Ser.

Gilbert Simondon não se inspira, não resgata, não ressignifica a teoria, o pensamento e a experiência de Jung. Simondon individua o conhecimento de Carl Gustav Jung... Cito uma passagem famosa de Simondon (2005) que elucida o que o filósofo francês entende por operação de individuação, refiro-me à ideia de uma "alquimia generalizada":

> A Obra Magna começava por dissolver tudo no mercúrio, ou reduzir tudo ao estado de carvão — em que nada mais se distingue, as substâncias perdem seu limite sua individualidade, seu isolamento, após esta crise e este sacrifício advém uma diferenciação nova é o 'Albefactio', e então a 'Cauda Pavonis' que faz os objetos saírem da noite confusa, como a aurora que os distingue por sua cor. Jung descobre na aspiração dos alquimistas, a tradução da operação da individuação, e de todas as formas de sacrifício, que supõem retorno a um estado comparável àquele do nascimento, isto é, um retorno a um estado ricamente potencializado, ainda não determinado, domínio para a propagação nova da Vida (Simondon, 2005, p. 557-558).

O mesmo se passa com os objetos técnicos e com a técnica; os objetos técnicos também são individuados — e Simondon considera-os sagrados[14]. Um dos modos do transindividual:

14. Uma palavra em torno do técnico e dos objetos técnicos para Simondon. O técnico é o "indivíduo puro", sua função não resulta diretamente do grupo, mas de um dom... Compara-os ao médico, técnico de cura, ao feiticeiro e ao padre; o técnico está em relação com forças estrangeiras; traz ao grupo o novo e o insubstituível. Esta atividade o libera do jugo social: os "indivíduos livres", diz Simondon, "são aqueles que efetuam a busca e, assim, instituem uma relação não social com o objeto". O técnico é um egoísta? Tanto quanto um poeta ou um pintor, responde Simondon. E, todavia, quando as descobertas se referem aos objetos técnicos, a sociedade considera com inquietação aqueles que os trazem. Já sabe-

a relação com os objetos técnicos[15] (Chabot, 2002).

As individuações psíquicas — renovadas individuações — são coletivas e transindividuais. Para Simondon, o Ser é relação, vale dizer, a relação é primeira e só podemos pensar os termos — os indivíduos — a partir das relações. Imensa rede, em contínuo devir. Os indivíduos pensados como não acabados — sucessivas individuações — em uma teia infinita de relações. Fim do antropocentrismo e nova ética.

Convite para o inusitado: confronto entre ontologias, ontologias-em-guerra. O Estado — de direita e/ou de esquerda — não pode capturá-las já que as travessias põem em questão exatamente o que assegura o Estado: as identidades. O velho e o novo guerreiam no nosso corpo e na nossa psique. É a civilização em transição presente nos consultórios de análise.

---

mos que também eles, os objetos técnicos, emergem do campo metaestável, do pré-individual, como os demais indivíduos. Ou seja, eles também se individuam e sofrem individuações permanentes — através dos grandes buscadores que são os técnicos. Esse olhar sobre os objetos técnicos não pode ser estendido à noção de progresso. Em relação ao progresso Simondon é, no mínimo, ambíguo e não raro faz críticas a essa noção. Simondon, já na individuação psíquica e coletiva, faz uma crítica à "moral do rendimento" que afeta o sistema educativo e todos os esforços. A divisão do trabalho, em nome dessa moral, aliena o trabalhador do que é produzido e da relação com o outro — como já alertara Marx. A ciência, já vimos, separa o sujeito do objeto. No domínio prático, da técnica, produz-se um dualismo: um rompimento entre o mecânico e a moto, um vinicultor e o vinho. O sujeito sente-se menos responsável, o objeto é deixado a si mesmo. Ora, para Simondon, o que importa é a qualidade da relação e não por acaso ele faz um elogio da mentalidade artesanal, pois aí há uma relação calorosa (Chabot, 2002).

15. Para que possamos compreender melhor essa questão, convoco um romance inteiramente simondoniano. Refiro-me ao "Zen ou a arte de manutenção da motocicleta", escrito por Robert Pirsig, de 1974, *cult* adorado por gerações. Como o próprio título sugere, trata-se de um processo de iniciação através do cuidado e da relação com a motocicleta. Viajando com seu filho pelas montanhas de Montana, o herói desse romance iniciático reflete sobre a técnica e as motocicletas (Chabot, 2002).

Estamos vivendo um momento interessante e perigoso de uma grande travessia e dando os primeiros passos para uma ontologia que se pergunta pelo brotar de todos os indivíduos e que pensa que esses indivíduos continuam a viver passagens, novas florações, eterno brotar de si mesmos. Com certeza, essa nova ontologia simondoniana não *con-vive* pacificamente com ontologias outras, modernas, que pressupõe o indivíduo constituído, acabado e isolado — em todas elas o antropocentrismo é visto como natural, verdade eterna produzida pela máquina antropológica!

Ora, a ontologia naturalista — leito de inúmeras disciplinas científicas e entre elas as psicanálises — não têm possibilidade de aconchego, de fácil coabitação e *con-vivência* com a ontologia genética simondoniana. Há diferentes realidades em competição, reveladas por ontologias antagônicas. Artistas, literatos, filósofos, antropólogos foram os primeiros a reconhecerem-se nessa nova ontologia[16]. Na clínica contemporânea, há muitos sinais dessa presença e alguns analistas da área psi, começam a se mover em direção a outras ontologias que não contemplem só o registro ôntico — o inconsciente, o imaginário, o simbólico. A ontologia genética simondoniana passa a inspirar psicoterapeutas e analistas ajudando-os a compreender seus pacientes que estão fazendo passagens — verdadeiros *breakthroughs* — associadas ao pré-individual e, não raro, esses pacientes voltam repetidas vezes a individuar-se.

---

16. Como já dissemos, a ontogênese de Simondon está na base da filosofia eleuziana/guattariana dos Mil Platôs e então da esquizoanálise. Inspira também a nova antropologia e a discussão em torno dos conflitos ontológicos.

E, todavia, a eleição de uma dessas ontologias em detrimento das outras não é uma questão de perspectiva, de preferência, de escolha pessoal, mas de encarnação no mundo, pois a ontologia genética formulada por Simondon inscreve-se no tempo presente: nas "escolhas" desse tempo, suas "urgências", seu "vir-a-ser".

Referências

Agamben, G. (2012). *O aberto: o homem e o animal.* Lisboa: Edições 70.

Almeida, M. W. B. (2013). Caipora e outros conflitos ontológicos. *Revista de Antropologia da UFSCAR, 5*(1), 7-28.

Castro, E. V. (2008). Encontros: Eduardo Viveiros de Castro (R. Sztutman, Org.). Rio de Janeiro: Azougue.

Castro, E. V. (2010). O anti-Narciso: lugar e função da antropologia no mundo contemporâneo. *Revista Brasileira de Psicanálise, 44*(4), 15-26.

Castro, E. V. (2012). "Transformação" na antropologia, transformação da "antropologia". *Mana, 18*(1): 151-171. http://dx.doi.org/10.1590/S0104-93132012000100006.

Castro, E. V. (2015). *Metafísicas canibais: elementos para uma antropologia pós-estrutural.* São Paulo: Cosac & Naify.

Chabot, P. (2002). *La philosophie de Simondon.* Paris: J. Vrin.

Danowski, D. & Castro, E. V. (2014). *Há mundo por vir? Ensaio sobre os medos e os fins.* Florianópolis: Cultura e Barbárie.

Descola, P. & Scarso, D. (2016). A ontologia dos outros. Entrevista com Philippe Descola. *Revista de Filosofia Aurora, 28*(43), 251-276. http://dx.doi.org/10.7213/aurora.28.043.EN01

Freud, S. (1999). *Totem e tabu.* Rio de Janeiro: Imago. (Obra original publicada em 1913).

Freud, S. (2011). *O mal-estar na civilização.* São Paulo: Companhia das Letras. (Obra original publicada em 1930).

Freud, S. (2014). Conferências Introdutórias à Psicanálise: 1916-1917 (Obras Completas, Vol. 13, S. Tallaroli, Trad.). São Paulo: Companhia das Letras. (Obra original publicada em 1917).

Holbraad, M. & Pedersen, M. A. (2017). Natural Relativism: Viveiros de Castro's Perspectivism and Multinaturalism. In M. Holbraad, Martin, *The ontological turn: an anthropological exposition* (pp. 157-198). Cambridge: Cambridge University Press. https://doi.org/10.1017/9781316218907.006.

Jung, C. G. (2012). Adaptação, individuação e coletividade. In *A vida simbólica* (CW, Vol. XVIII/2, pp. 23-28). Petrópolis, RJ: Vozes. (Obra original publicada em 1916).

Jung, C. G. (1987). *O eu e o inconsciente.* Petrópolis, RJ: Vozes. (Obra original publicada em 1957).

Jung, C. G. (1985). *A energia psíquica* (CW, Vol. VIII/1). Petrópolis, RJ: Vozes, 1985. (Obra original publicada em 1948).

Jung, C. G. (1991). Determinantes psicológicos do comportamento humano. In *A natureza da psique* (OC, Vol. 8/2, pp. 60-71). Petrópolis, RJ: Vozes. (Obra original publicada em 1934).

Pirsig, R. M. (2009). *Zen ou a arte de manutenção da motocicleta.* São Paulo: MWF Martins Fontes. (Obra original publicada em 1974).

Shamdasani, S. (2005). *Jung e a construção da psicologia moderna: o sonho de uma ciência*. Aparecida, SP: Ideias e Letras.

Simondon, G. (2005). *L´individuation à la lumière des notions de forme et d´information*. Grenoble: Millon.

Valentim, M. A. (2018). *Extramundanidade e sobrenatureza: ensaios de ontologia infundamental*. Florianópolis: Cultura e Barbarie.

Capítulo 4

TECNOLOGIA É A PSICOLOGIA DA NATUREZA: W. GIEGERICH E A VIDA LÓGICA DA ALMA TECNOLÓGICA.

Marcus Quintaes

É preciso afirmar sem temor: estamos todos, queiramos ou não, a viver sob os efeitos de uma civilização em incessante transição. Os desdobramentos deste específico momento histórico e cultural que atravessamos são os mais variados, plurais e múltiplos possíveis, entretanto, quero destacar dois pontos que, em virtude da sua radicalidade, se oferecem como argumentos irrefutáveis de que alguma coisa está fora da ordem, ou pelo menos, da ordem a qual costumávamos ter como balizas de significação para nos referenciar.

O primeiro ponto é que o futuro não é mais como era antigamente e ele já está aqui, agora, entre nós. O futuro chegou antes mesmo que pudéssemos nos despedir do tempo presente.

O segundo ponto nos revela que o passado nunca foi tão longínquo e distante. Basta um dia, um gesto, uma simples rolagem de tela com o dedo, uma leve pressão no botão delete, para que o vivido seja lançado nas águas turvas do esquecimento e do apagamento da memória.

Entre essas duas novas temporalidades, estamos nós, perdidos e desorientados, em busca de novos faróis e emblemas identitários que possam nos reorientar em um mundo novo onde a própria palavra orientação já não faz mais sentido. Particularmente, diria que nós, junguianos, que nos construímos com uma base no universal e no particular, no estável e no fortuito, no coletivo e no individual, na estrutura e no fenômeno, estamos encrencados. Afinal, como responder aos novos impasses de uma cultura que cada vez mais se encaminha na direção de realizar a velha profecia marxista de que tudo que é sólido se desmancha no ar?

Entretanto, uma encrenca também pode ser um bom motivo para produzir saídas originais e criativas que nos ajudem a nos deslocarmos dos espaços usuais e inventarmos modos outros e diversos para responder aos desafios desta época que nos atravessam tanto na cultura quanto no cotidiano da clínica.

As psicologias junguiana e arquetípica nos ensinaram, a partir da metade do século XX em diante, a usar a arte, a literatura, os mitos e símbolos de tempos e lugares distantes para amplificar nossas experiências presentes. Muitas vezes é tentador permanecer na condição de expatriados e vagar eternamente por entre as analogias mitológicas para escapar do tempo real presente. Porém, eventualmente, precisamos voltar para casa. Precisamos ficar com as imagens atuais que se manifestam ao nosso redor permeando toda nossa situação atual. Uma imagem é completa no modo como se apresenta, escreveu James Hillman (1994). Logo, por que viajar para terras tão distantes e afastadas quando há tanto significado por perto em nossas casas, famílias, cidades, cultura, país, nos bombardeando com sua onipresença, nos implorando por sua atenção?

É desejável que um analista junguiano não fique exilado ou divorciado do horizonte subjetivo da sua época e, desta forma, cabe nos indagar quais são as condições que estruturam o imaginário cultural e social que atravessam, moldam e constituem a experiência tecnológica em nossos dias.

É preciso dialogar com o Outro da nossa época, saber se articular com os registros do contemporâneo, tendo a cultura e a civilização como parceiras e interlocutoras, caso contrário, estaremos condenados aos guetos narcísicos e endogâmicos nos refletindo em nossos próprios espelhos. É fundamental acompanhar o caráter mutável das imagens do inconsciente cultural no qual estamos imersos. E esta nova realidade a nos circundar hoje tem nome: tecnologia.

Vivemos em um mundo do apogeu da razão tecnológica e científica. Nosso mito existencial está impregnado pelo discurso científico. Não há mais a opção de querer ou não ser influenciado por essa nova realidade. A ciência e a tecnologia fazem parte do nosso romance familiar atual. Nosso mito familiar está intimamente mais próximo da informática, da nanotecnologia, dos avanços biotecnológicos, das redes sociais, da digitalização da vida erótica e amorosa do que da literatura romântica ou do drama antigo dos gregos.

É dentro desse cenário que consideramos a contribuição do analista junguiano Wolfgang Giegerich imprescindível para nos ajudar a pensar estas novas ordenações simbólicas contemporâneas. Afinal, como participar de um livro cujo tema é "Tecnologia e Alma" sem fazer menção a um autor que tem como um dos volumes das suas obras completas a mesma direção "Tecnologia e Alma"? (Giegerich, 2007)

Mas quem é Wolfgang Giegerich? Com a palavra, James Hillman:

> A contestação é necessária porque o pensamento de Wolfgang Giegerich é o pensamento junguiano mais importante da atualidade — talvez o único pensamento junguiano consistente. Ele é preeminente entre os escritores junguianos, e, suas análises dos apuros da alma da psicologia e da humanidade, corajosamente olham a face da sombra em nossos tempos e não oferecem falsas esperanças. Giegerich é muito sombrio, genioso, erudito, um professor da alma e, genuinamente, um Mensch. (...) embora seja um analista junguiano em Stuttgart, Giegerich *não pode ser classificado como um* arquetipalista, um clássico ou um desenvolvimentista. Ele é independente e, como muitos de nós, seu território não concorda com os astutos cortes e cubículos do sistema de Samuels ou as regras de estilos junguianos de acordo com gerações criadas por Goldenberg. Ele é tão completamente radical que até mesmo Ivan Illich ficou sem fala e quis abandonar a sala ao

> ouvir a conferência de Giegerich, em Dallas, na qual argumentou que a força destrutiva, onipresente e onipotente, da bomba nuclear é a única face verdadeira do Deus vivo nos dias de hoje — um tema apresentado em seu sólido trabalho "Psychoanalyse des Atombombe". Giegerich aponta o essencial e a penetração firme e inesgotável, como o coelho das pilhas Energizer que funciona sem parar, destemidamente, escorpionicamente, caminhando jubilosamente para o ponto final, deixando lá o leitor, irredimido, exceto pela profunda satisfação de ter o caso completamente exposto – esta é a sua estimada habilidade (Hillman, 1994, p.2).

Feita as apresentações formais, é hora de responder à pergunta: no que o pensamento de Wolfgang Giegerich pode nos ajudar a pensar este estranho par tecnologia e alma?

Para Giegerich (1999), trabalhar com a vida lógica da alma implica reconhecer que a alma está no Real e que este não se confunde, sequer pode ser subsumido à mera positividade dos fatos do mundo externo, mas que a alma está na lógica que move o mundo e que se manifesta nos principais fenômenos de nosso tempo: globalização, capital virtual, catástrofes ambientais, crise ecológica, economia compartilhada, medicalização da vida, amores digitais, homens híbridos e ciborgues e, fundamentalmente, dominação e disseminação tecnológica. Para Giegerich (1999), a psicologia junguiana ao não perceber esse movimento reforça a desconexão da psicologia com o Real e, perigosamente, continua a ser um instrumento ideológico a serviço do niilismo ou um refúgio do ego onde a fim de preservar sua desconexão com o processo anímico, ou seja, com a irreversível realidade social e histórica irá contentar-se com a fantasia de uma importância que se revelará ineficaz e ilusória.

Alma é história, diz Giegerich (1999), e essa afirmação implica postular que a principal arena na qual ela, como a verdade viva interior dos eventos se manifesta e onde sua *Opus Magnum* se realiza, é o terreno da história humana, a história da consciência e da cultura. É no seu livro "A vida lógica da alma" que Giegerich (1999) insiste que, a menos que a psicologia junguiana possa pensar através da lógica da alma, ela permanecerá inadequada para o mundo contemporâneo.

Giegerich (1999) insiste que nossa consciência e nossa lógica tardaram a perceber o que está verdadeiramente ocorrendo. A situação em que nos encontramos é inteiramente sem precedentes na história da consciência. Para ele não há nenhuma situação comparável com a que vivemos neste momento da história humana. Mas qual é exatamente esta situação, nos perguntamos? Como já dissemos o mundo contemporâneo é o mundo da tecnologia, da informação digital, do ciberspaço e da internet. O mundo da ciência é completamente diferente e distinto, por exemplo, do mundo do mito antigo clássico.

Para Giegerich (2008), a psicologia junguiana tem a obrigação de reconhecer que a alma em nosso mundo contemporâneo funciona em um nível diferente, muito mais lógico e abstrato do que qualquer outro momento da história, e além do mais o extremo alto nível de abstração prevalecente na ciência moderna tem sido ressuscitado pela alma. Quer admitamos ou não, a alma trouxe esta situação como correspondente à realidade em que está inserida. Giegerich (2008) nos diz que a forma de consciência nos é dada impiedosamente, sempre, pela era em que vivemos. Os mitos, desse modo, se tornaram obsoletos e irrelevantes para o dilema de nosso mundo contemporâneo porque o ponto principal da consciência moderna assim como a ciência rompeu, quebrou, partiu fundamentalmente com o mito em si, ou seja, com um nível de consciência na qual a experiência do mito era possível e factível. Na perspectiva proposta por Giegerich (1999), a ciência e a consciência moderna não romperam com este ou aquele mito, nem com todos os mitos. Eles romperam com um status de alma que tornava possível ter os mitos em primeiro lugar. Giegerich (1999) não tem nenhum interesse num projeto nostálgico de resgate dos Deuses. Ele enfatiza que os Deuses nunca poderão tornar-se um ponto de verdade absoluta para nós como foram na antiguidade. Os Deuses, diz ele, devem ser contextualizados. Obsoletos.

É interessante lembrar que Wolfgang Giegerich esteve no Brasil alguns anos, em 2005 para participar de um congresso junguiano da AJB cujo tema era o *Axis Mundi* – o eixo do mundo. A palestra de Giegerich (2005) se caracterizou não por tentar buscar em mitos antigos e épocas arcaicas imagens do *Axis Mundi*, ou seja, amplificações infinitas afirmando a hipótese de uma realidade a-histórica, mas pelo contrário, Giegerich (2005) nos trouxe a pergunta: O que poderia ser considerado como o sucessor da ideia de *Axis Mundi* hoje, em nosso *locus* histórico? E ele propôs uma resposta: nosso eixo do mundo é o capital, o mercado financeiro virtual, a economia e suas disseminações, ou aquilo que o filósofo esloveno Zizek (2013) nomeia como as novas formas de produção globalizante do capital pós-moderno. Tanto para Giegerich (2005) como para Zizek (2013), é a lógica do capital que move o mundo sustentando sua hegemonia em práticas disfarçadas de tolerância nomeadas de multiculturalismo.

A proposta de Giegerich (1999) de que se faz necessário encontrar e libertar o Deus e a lógica ou o Espírito Mercúrio preso dentro da nossa situação atual e parte desta estratégia é perceber que não se faz mais adequado recorrer a Deuses ou mitos para que isto aconteça. Por que? Entre tantos motivos para responder esta indagação sobre a morte dos Deuses, Giegerich (2007) desenvolve com extrema complexidade a relação entre mitologia, cristianismo e tecnologia.

O núcleo do argumento de Giegerich (2007) consiste na defesa da tese de que o Logos mitológico se encontrava numa relação de fusão e indiferenciação com a natureza, ele já está imerso e envolvido no mundo natural, consequentemente ele não é um Logos transcendente. Os Deuses são Deuses da natureza, são personificações de fenômenos naturais, da relação do homem com a natureza. Esta é uma lógica anterior à separação do homem com a natureza e a mitologia é a personificação dessa lógica, ela revela a participação mística com a natureza onde o homem ainda se encontra submetido às forças do mundo natural, amalgamado com a natureza, por isso a narrativa mitológica, ou seja, o Logos mítico é personificado, pois ele vem a partir da condição numinosa e encantada que a natureza possuía.

Entretanto, no cristianismo, algo rompe com essa estrutura. Há uma separação entre o Logos e a natureza. O Logos cristão, a narrativa cristã, a história do cristianismo apresentam essa separação entre o Logos humano e a natureza, eles se separam, consequentemente surge um Deus transcendente e junto a ele um Logos que transcende à noção de natureza. Essa transcendência é um espelho que mostrará a separação do homem da natureza, provocando definitivamente a morte da natureza animada dos antigos. Giegerich (2007) avança no seu argumento comentando que esse Logos é excessivamente abstrato e ele necessita encarnar, pois há uma espécie de vazio que precisa ser preenchido, a encarnação seria uma forma de compensação dessa separação excessiva, dessa transcendência excessiva, essa espécie de outro mundo. Cristo seria o nome dessa encarnação na forma de um humano. A diferença com os Deuses da mitologia é que eles não encarnavam, eles se metamorfoseavam, o que não é a mesma coisa, ao se disfarçarem sob outras formas, eles não perdiam a sua condição divina. Essa condição é completamente diferente no cristianismo, afirma Giegerich (2007), pois a encarnação cristã é uma fusão entre a transcendência divina e a imanência humana, a imperfeição humana, a precariedade humana, a fragilidade humana. Cristo nasce num estábulo e é crucificado entre dois ladrões. Para Giegerich (2007), desse modo, a vida lógica da alma apresenta que o cristianismo moldou, modelou e desenhou um esboço do próprio fundamento da tecnologia, montando um percurso do Logos da técnica, pois o Logos cristão é abstrato, se situa fora da natureza, logo não é natural, sequer contemplativo como o Logos da mitologia, entretanto, ele precisa encarnar, isto é, ao mesmo tempo em que está fora ele precisa produzir, transformar a natureza. Não basta apenas observar e construir modelos e teorias mas esses modelos precisam agir sobre o mundo natural, eles interferem e alteram a natureza, criam algo que são os próprios artefatos tecnológicos, e aqui está o ápice da construção teórica de Giegerich (2007) sobre o tema: a tecnologia é um Logos que se fez carne, é uma ideia mental porém encarnada, ela é concreta, um aparelho objetivo, a técnica é exatamente o modo como o Logos se faz matéria, daí que toda técnica possui uma lógica inerente, ou seja, a técnica é aquilo que faz com que o Logos adquira materialidade.

Deste modo, para Giegerich (2007), o cristianismo é o prenúncio, o esboço, ele preparou terreno psíquico para o surgimento da tecnologia, ou seja, o Logos da técnica. Para ele, ao contrário da mitologia que personificava – pois seu Logos era imagético devido à sua mistura com a natureza, a ciência e o discurso tecnológico – o Logos da tecnologia é abstrato. São fórmulas altamente matemáticas e conceituais, extremamente abstratas. Essa matematização não é dada pela natureza. Giegerich (2007) salienta o aspecto criativo do humano que interpreta a natureza como número e fórmulas, o que exige um alto grau de separação, algo muito abstrato que só foi possível graças ao altíssimo nível de separação provocado pelo cristianismo em relação à noção de natureza dos antigos.

Aqui começo a finalizar o argumento de Giegerich (2007): para ele, a natureza está morta. A natureza moderna está positivada pela ação do discurso científico. A nossa natureza é diferente da natureza dos antigos, a *physis* grega e a *natura* romana. Nossa natureza é positivada e seu Logos é a tecnologia. Natureza como *res* extensas, natureza psicologicamente morta, não mais numinosa. Não há mais um Logos inerente a ela porque psicologicamente ela está morta. Esta é a conclusão de Giegerich (2007): a alma abandonou essa natureza animada, o cristianismo é o abandono da alma da natureza que provoca o falecimento da natureza encantada e numinosa, a ruptura da relação de participação mística em que estávamos juntos a ela. Vale lembrar: se olharmos para fora das janelas, a natureza continua onde sempre esteve: rios, árvores, folhas, florestas, porém, essa Anima que é para Giegerich (2007), a parte da relação de mistura com a natureza é morta pelo Animus cristão, o Animus é a parte da alma que mata a Anima. Essa matança da natureza numinosa da Anima, da natureza psicológica é a condição de possibilidade para que possamos explorar a própria natureza. Somente deste modo, ela pode se tornar material de pesquisa e exploração. Quando a natureza preserva sua condição sagrada, apenas o que é possível é a realização dos rituais de louvor, e é exatamente esta condição lógica que foi alterada pois agora lidamos com ela como um depósito de materiais à nossa disposição. Essa matança psicológica autoriza esse movimento, o torna possível porque a morte da natureza psicológica já aconteceu através do cristianismo. No pensamento de Giegerich (2007), é impossível buscar um resgate do reencantamento do mundo, pois isso funcionaria como uma espécie de bolha de isolamento divorciada da alma do mundo. A lógica da alma nos faz perceber que a *Anima Mundi* hoje é a tecnologia porque ela nos envolve de modo tão intenso que nos é impossível escolher se queremos estar dentro ou não da sua atmosfera psíquica. Alma do mundo para Giegerich (2007) é tudo o que é compartilhado por todos independente da cultura. A tecnologia é a *Anima Mundi*, é a psicologia da natureza positivada, e tudo nos faz pensar que diante dos acontecimentos ambientais, políticos e sociais que estão a nos rodear, nós necessitaremos cada vez mais do avanço do conhecimento tecnológico, de modos de interferência cada vez maiores e mais sutis sobre a natureza a fim de evitar maiores danos por vir.

Assim, Giegerich (2007) afirma: a tecnologia é a psicologia da natureza positivada, natureza morta, *res* extensa, enquanto a mitologia é a psicologia da natureza animada, encantada e numinosa. Todos estes movimentos, da natureza encantada pré-moderna até a natureza positivada da modernidade são movimentos de aprofundamento da alma sobre si mesma, pois alma é Logos se aprofundando, se transformando, se destilando alquimicamente através do mergulho sobre ele próprio para se tornar cada vez mais explícito para si mesmo.

Psicologia, para Giegerich (2007), é a explicitação da lógica de uma forma histórica – concreta de estar no mundo, o Logos da alma (alma como *Zeitgeist,* o espírito dos tempos). Por isso, a tecnologia é a moderna psicologia da natureza pois ela é o modo como a cultura explica a lógica da natureza. Ele não propõe um programa, algum tipo de resistência a algo que acredita estar errado. O que Giegerich (2007) propõe é compreensão. A *Anima Mundi* era uma forma concreta que nossos antepassados tinham de estar no mundo. Era algo concretamente enraizado no próprio funcionamento da cultura, no modo como ela se organizava. Hoje temos nossa própria forma de nos organizarmos, nosso próprio modo de funcionarmos enquanto cultura e é isso que ele se disponibiliza para compreender. Antes de defender ou condenar moralmente, compreender, salvar o fenômeno, permanecer com a imagem que se apresenta a nós sem tentar colocar outra mais esteticamente bela no seu lugar.

Afirmar que a tecnologia é a nossa *Anima Mundi* implica reconhecer que o avanço espetacular das ciências, dos estudos da biologia da vida, das tecnobiologias alteraram completamente noções que até então nos pareciam ser da ordem do incognoscível. Se falarmos, por exemplo, da noção de vida que, até há décadas atrás era algo da ordem do mistério, um limite intransponível, para além da reflexão humana, hoje transformou-se em algo objetivável, suplantado, ultrapassado. Poderíamos dizer que vida é matéria e alguma outra coisa que não é matéria. É um conjunto de elementos, uma totalidade indivisível, mas fundamentalmente, um ser vivo é tudo o que não é indiferente ao que lhe acontece. Ele sempre responde de um modo positivo ou negativo ao que lhe acontece. A vida é normatividade vital, ou seja, o ser vivo é aquele que é capaz de produzir novas normas para si sempre que as circunstâncias lhe exigem, coisas que os seres inanimados (caderno, copo, óculos, asteroide) não conseguem.

A questão é: não conseguem? Não eram capazes até algumas décadas atrás e, para alguns, ainda não são capazes. Porém, a própria ideia de vida artificial, que até pouco tempo era uma contradição em termos - ou é natureza ou é artefato –, já nos conduz para outro patamar. As fronteiras entre o natural e o artefato vão se borrando, se diluindo e provocando a ideia de que as características dos seres vivos serão atribuídas aos novos produtos e artefatos da ciência. Pensem nos robôs, na internet das coisas, nos sistemas de inteligência artificial.

Até pouco tempo atrás, a ciência moderna ainda possuía uma inspiração prometeica, isto é, a ciência assim como Prometeu desafiava os Deuses no sentido de tentar dominar os mistérios da natureza, conhecer sua realidade interna e com isso produzir progresso e exibir a potência da razão humana e libertar o homem dos entraves ao seu desenvolvimento. Entretanto, esta mesma ciência ainda pagava tributo aos Deuses, pois a ela própria cabia reconhecer seu limite ao conhecimento absoluto da realidade. A ciência moderna sempre se curvou aos mistérios ou, pelo menos, a alguns deles como a origem e o fim da vida, a morte. Pensemos na medicina. A medicina não é uma ciência porque ela lida com alguma coisa que jamais será objeto de manipulação, ou seja, a própria noção de vida. Há alguma coisa que podemos nomear de alma, mistério, sopor divino, élan vital, que não é apenas a mera junção dos elementos físicos e químicos, a isso a ciência sempre respeitou. Mas não respeita mais.

Porque com a descoberta do genoma, com o avanço da biologia molecular, da implementação das novas tecnologias de dados em velocidades abissais, das bionanotecnologias, o que hoje se coloca como horizonte e que era impensável para os cientistas modernos, é a ideia de que nós podemos abrir a caixa preta da vida e desvendarmos os desígnios e essência da vida. É possível inventarmos novas formas de vida que antes não existiam, já podemos brincar de Deus, basta olharmos para os transgênicos: são produtos criados não somente pela natureza, mas apoiados e catapultados pelas tecnologias de ponta. Somos capazes de ultrapassar os limites que a natureza nos impõe à nossa espécie e toda forma de vida conhecida. Somos atores da seleção natural.

Surgem novas questões morais e éticas de difícil solução:

a) É legítimo que uma mulher dê ao seu filho um pai morto há cinco anos? Homem congelou seu sêmen, faleceu e cinco anos depois, sua mulher usa-o para engravidar. Um cadáver morto pode se tornar pai de uma criança?

b) É aceitável que possamos fazer em nossos

filhos um procedimento eugênico oriundo da eugenia? Uma engenharia genética capaz de modificar o seu perfil genético com isso moldá-lo para novas situações?

A ciência tecnológica se deslocou do modelo prometeico que aceitava limites, mistérios e restrições. Havia a certeza de que há lugares que a ciência não daria conta. O que responderia no seu lugar seria a arte, a religião, a imaginação, tradição, para um modelo de ciência que possui uma vocação ontológica, ou seja, uma ciência que não pensa a tecnologia tão somente como uma extensão das capacidades humanas, mas repensa o saber tecnológico como uma maneira de aprimorar a espécie humana. Um desejo de reformar a humanidade e fazer da genética aquilo que ideologia, política, reformas sócias não conseguiram fazer, ou seja, eliminar os grandes problemas da humanidade.

Pensar a tecnologia como a *Anima Mundi* na qual estamos inseridos nos permite refletir que o saber tecnológico que altera nossa condição ontológica - borrando as categorias modernas entre natureza e cultura ou artefato e vida, que se revelará nas novas expressões sociedade pós-humana, natureza pós-biológica ou homem pós-orgânico - aponta que a Alma se move logicamente e para além das boas intenções humanitárias. Respeitar este movimento e buscar compreendê-lo é o convite teórico que Wolfgang Giegerich (2007) apresenta para toda a comunidade junguiana.

Referências:

Giegerich, W. (2005). *Dialetics and Analytical Psychology: The El Capitan Canyon Seminars*. New Orleans: Spring Journals.

Giegerich, W (2007). *Technology and The Soul*. Collected English Papers. New Orleans: Spring Journals.

Giegerich, W (2008). *Soul-Violence*. Collected English Papers. New Orleans: Spring Journals.

Giegerich, W (1999). *The Soul's Logical Life*. Frankfurt: Peter Lang Ed.

Hillman, J. (1994). *Once more into the fray – a response to Wolfgang Giegerich's killing*. Connecticut: Spring 56.

Zizek, S. (2013). *Menos que nada: Hegel e a sombra do materialismo dialético*. São Paulo: Boitempo.

Tecnologia e relações na contemporaneidade

Capítulo 5

O AMOR NA ERA DIGITAL E VIRTUAL – A TECNOLOGIA A SERVIÇO DA ALMA?

Irene Gaeta

O amor é como Deus:
ambos só se oferecem a seus
mais bravos cavaleiros.
(Jung, 1986, p. 317;
OC X/3: p. 232).

Há poucas referências feitas por Jung à tecnologia, o que retrata o espírito de sua época. A tecnologia proporcionou ao homem o devaneio de que ele seria superior à natureza e, portanto, que poderia fazer o que quisesse. No entanto, Jung (2013) afirmava que esse falso senso de poder poderia conduzir à destruição. Para ele, a tecnologia, em si, é neutra, haja vista que não causa benefícios nem males. A causa ou não de danos depende da atitude de cada um em relação a ela. Assim, o que é feito da tecnologia provém da disposição ética do sujeito em aceitar ou negar os poderes de manipulação, domínio e extermínio do outro. A isenção diz respeito apenas à máquina.

De acordo com Jung (1999, p. 650), as coisas psíquicas se iniciam no coração. Logo, é lá, com efeito, em que há o primeiro contato com a existência. Ao reconhecermos ideias e sentimentos é que podemos, então, "enxergar" o Purusa. Como ser ancestral, ele representa um estado psíquico primitivo: é o envolvente e o envolvido, mãe e filho não nascido, um estado indiscriminado, inconsciente. É o primeiro vestígio de um ser em sua existência psicológica ou psíquica que não é você – um ser em que você está contido, que é maior e mais importante do que você próprio, mas que tem uma existência inteiramente psíquica (Jung, 1996, p. 46). Em diversas tradições, o coração é consagrado como o foco da devoção e da transformação, provocando sentimentos de desapego e de desinteresse.

Na perspectiva de Zygmunt Bauman (2004), ao se reduzir muito a qualidade das relações sociais, a tendência é tentar recompensá-la por meio de uma quantidade grande de parceiros. Um bom exemplo pode ser dado se verificarmos o número de amigos que as pessoas costumam ter em redes sociais; essa quantidade pode ultrapassar 500 amigos, algo que não seria possível em uma convivência rotineira de qualidade.

Amar ao próximo como a ti mesmo

A consequência de ser amado é o amor-próprio. Esse é um tipo de relacionamento sem fim, incessante: assim, quando o indivíduo percebe que sua voz é ouvida, que sua opinião é significativa ou que sua presença é relevante, ele se percebe único, especial e merecedor de amor. Só o outro pode dizer que somos dignos de sermos amados, e o que devemos fazer é justamente reconhecer essa identificação.

Em um processo de reconhecimento com aquele que nos amou, também percebemos que há nele a necessidade de ser amado (compreendemos sua singularidade). É precisamente sobre essa relação que Bauman (2004, p. 99) afirma que: "amar ao próximo como ama a ti mesmo" – é a máxima que institui a moralidade. A percepção de preservação não é o bastante para a sobrevivência; é preciso que haja uma instância moral operando nas definições do eu e do outro, a fim de que haja uma ligação humana que seja algo mais do que uma ligação somente animal.

Contudo, em uma sociedade de tantas incertezas em relação ao outro, o amor nos é refutado; o direito de ser amado é rejeitado. Não há amor-próprio e não há imposições sociais que prescrevam o amor ao próximo, fazendo dele algo indispensável na vida em sociedade. Amar ao próximo não é uma ação natural, é, na verdade, algo que vai contra nossos instintos mais primários: por essa razão, é o ato fundador da moralidade.

Se nossas ferramentas para nos relacionarmos estão invariavelmente circundadas pelos nossos tempos fluidos e se as imposições/prescrições para amar ao próximo estão cada vez mais formais e estabelecidas por códigos, então, o percurso do grupo social é a autodestruição após um longo perecimento.

A modernidade líquida é a época em que vivemos. É, portanto, o agrupamento de relações e instituições, além de sua lógica de operações, que se impõe e que dá base ao contemporâneo. As conexões predominam nas relações interpessoais. Conexão é o termo empregado por Bauman (2004) para descrever as relações frágeis; o interessante é que essa palavra tem a ver com a noção de que, em uma ligação, a vantagem não está só em ter múltiplas conexões, mas, principalmente em conseguir se desconectar sem grandes perdas ou custos. A relação frágil tem como suposição a transformação dos sujeitos em mercadorias, isto é, que podem ser consumidos e jogados fora a qualquer instante.

A ligação é frágil justamente porque o sujeito líquido lida com um mundo de consumo repleto de alternativas, mas esse mundo nunca é objetivo e frio, pois ele causa frustrações.

O indivíduo, então, não tem mais referências de ação: toda a autoridade de referência é colocada em si e está sob sua responsabilidade construir ou escolher regras a serem seguidas – tudo se passa como se fosse apenas uma questão de se optar pela melhor alternativa, aquela com mais vantagens e nenhuma desvantagem.

Isso tudo é coberto por uma mentalidade que não só valida as instituições e as regras, mas, também, oferece suporte para a vida dos indivíduos: os imperativos de consumo são inscritos naquilo que há de mais primordial na constituição do sujeito líquido.

Desse modo, indagamos: Qual será o futuro dessa conjuntura? A alma voltar-se-á à tecnologia na busca por completude no encontro amoroso?

Her é o título de um filme norte-americano de 2013, do gênero híbrido comédia dramática, ficção científica e romance. A obra foi escrita, dirigida e produzida por Spike Jonze e conta com o seguinte elenco: Joaquin Phoenix, Amy Adams, Rooney Mara, Olivia Wilde e Scarlett Johansson.

O enredo gira em torno de um homem que desenvolve uma relação pessoal com Samantha, uma assistente virtual de computador - semelhante à Siri, do IOS - com voz feminina e personalidade. O filme estreou no Festival de Cinema de Nova Iorque e foi lançado comercialmente nos cinemas dos Estados Unidos em 18 de dezembro de 2013.

Em 2013, *Her* foi eleito o melhor filme do ano pelo *National Board of Review*. O filme também dividiu - com *Gravidade* - o primeiro lugar de Melhor Filme no Prêmio *Los Angeles Film Critics Association*.

O filme *Her* parece retratar bem a atualidade; é ambientado em uma Los Angeles do futuro, momento em que as relações humanas se encontram mais deterioradas e as pessoas cada vez mais infelizes, confusas e carentes. O enredo dessa obra nos convida a prestar atenção no caminho pelo qual estamos seguindo, nas transformações que sofremos em decorrência do avanço da tecnologia, o que vem combinado com grande vazio e falta de consciência sobre o assunto.

É possível sentir que, com efeito, chegaremos a essa realidade em poucos anos. Por conta disso, se não houver conscientização sobre o tema, a depressão será um mal desenvolvido por 99,9% da população mundial.

Assim, as seguintes questões podem ser levantadas: Que tipo de mundo está sendo criado com o avanço da tecnologia? Estão sendo construídas condições que aumentam as possibilidades de desenvolvimento para a humanidade em termos de liberdade, sociabilidade, inteligência, criatividade e autorregulação? Ou está sendo construído o oposto disso?

Bostock (2013 apud Araujo, 2015) elabora reflexões sobre a relação entre imagens e o espaço cibernético – ou a realidade virtual sob a perspectiva da psicologia arquetípica. O autor, então, pergunta: Existem *bytes* de deuses? Os deuses podem ocupar o espaço cibernético? A alma pode ser construída na realidade virtual?

A realidade virtual é fundamentalmente imagética, e vale lembrar que imagens são os fundamentos da psique; pode-se, aqui, ressaltar que a filosofia clássica trata o virtual como um modo de ser.

Na ótica de Brien (1997 apud Araujo, 2015), a internet, em nossos tempos, é um extraordinário *locus* das profundezas do inconsciente coletivo, pois, nela, novos mitos são formados, bem como arquétipos ainda desconhecidos são apresentados e são propostas novas aventuras para a psique. Segundo a autora, Jung reconhecia que, em épocas diversas, novos arquétipos podem ser constelados e, com eles, interpretações apropriadas para esses períodos. Os novos arquétipos não devem ser ignorados, pois, assim, podem-se perder os novos significados. Por isso, na internet, arquétipos parecem surgir em figuras e em metáforas que podem não ser familiares à maneira habitual de pensar.

Brien (1997 apud Araujo, 2015), ao analisar a obra de autoria de Mark Stefik (1996) chamada *Internet dreams: archetypes, myths and metaphors*, ressalta que o autor evidencia quatro metáforas (que são, também, funções da internet), cada uma apontando para um arquétipo como origem, quais sejam: a biblioteca digital, apontando para o arquétipo do "guardador do conhecimento"; o *e-mail*, referindo-se ao arquétipo do "comunicador"; o mercado eletrônico, vinculado ao arquétipo do "comerciante"; e o mundo digital, apontando para o arquétipo do "aventureiro".

Esses quatro arquétipos devem ser entendidos como originários de instintos básicos que dirigiram a humanidade desde os primórdios, como imagens dos instintos e das metas espirituais na direção das quais se esforça a natureza humana. Segundo o autor, as metáforas da internet, com sua fonte arquetípica, são relacionadas com mitos antigos: Prometeu é associado aos mitos do guardador do conhecimento; Hermes ao arquétipo do comunicador; Trickster ao arquétipo do comerciante; e o Herói; ao arquétipo do aventureiro. No entanto, se um deus pode ser relacionado à internet, indubitavelmente, é Hermes o mediador, o comunicador, o mensageiro, o trapaceiro, o patrono dos mercadores, sempre em movimento; ele subiu ao Olimpo e subtraiu de Hefesto os atributos do fogo, a *techné*, e os deu para os humanos (Alvarenga, 2014).

Segundo Brien (1997 apud Araujo, 2015), os atributos de Hermes parecem inesgotáveis, tal como a internet. Então, perguntamos: Hermes poderia ser visto como a alma da internet?

Ou ainda: A alma da internet poderia ser Exu? Esse é o orixá da comunicação, do movimento; é o mensageiro, mutante em suas ações. Ele provoca, é astucioso, indecente e sensual; é a entidade que abre caminhos.

Bonder (2015), em seu livro intitulado *Portais secretos: acessos arcaicos à internet*, aponta que, há três milênios, os profetas bíblicos trabalhavam na dimensão do espaço, não do tempo, e nisso se diferenciavam dos videntes. Eles estudavam a superposição de locais e descobriram janelas para analisar lugares diversos, contidos no que parece ser apenas um lugar. Se perguntarmos: Onde estamos e onde poderemos estar? Então, teríamos a resposta: Todo e qualquer lugar é um acesso.

Sob a perspectiva de Araújo (2015), acerca do quadro *O Sonho de Jacó*, de Marc Chagall, vê-se uma escada pela qual sobem e descem anjos. Ao acordar do sonho, Jacó afirma que Deus existe naquele lugar. O artista faz uma analogia interessante, mostrando que o lugar é um acesso aos céus, sendo a escada a grande *net* que conecta ao mundo dos céus; os anjos são, portanto, conectores, são a representação mais antiga da mensagem da comunicação direta com a rede. Anjo (*Malach*) é o mensageiro, o acesso direto à rede. Desse modo, *bytes* são enviados e *bytes* podem ser recebidos. Os anjos concederam a Jacó o *download* de informação da Rede Absoluta. Essa é a tecnologia de estar sem ser propriamente em um lugar.

Atualmente, discute-se o medo do vício na internet. Mas qual é a razão do medo? O medo existe em razão da dificuldade de adaptação ao que é desconhecido. A aceitação surge pela vivência da experiência com a máquina e o fascínio, pela antecipação de novas formas de comunicação no futuro, que já são anunciadas no presente. No entanto, sabe-se que a adesão e a fascinação levadas ao extremo podem conduzir ao vício. A compulsão pelo uso da internet é real e bastante estudada atualmente.

Jung (2013) aponta o caminho da individuação como possibilidade de crescimento e de desenvolvimento durante toda a existência humana. Ademais, aborda a integração dos aspectos femininos (*Anima*) e masculinos (*Animus*) da nossa personalidade para que possamos, enfim, descobrir e viver o amor verdadeiro.

Logo, perguntamos: Como podemos amar? Essa indagação profunda remete à jornada da criatividade interior. Não é privilégio da juventude ou da velhice a dificuldade no campo do relacionamento amoroso. Em qualquer idade, trata-se de uma escolha pessoal o desenvolvimento do amor. Na primeira metade da vida, somos condicionados ao desenvolvimento do ego, mas, na segunda metade da vida, temos na metanoia a possibilidade de integrar e desenvolver nossa capacidade amorosa. Sempre será uma construção, haja vista que relacionamento amoroso é uma construção feita de tijolo sobre tijolo.

Quando estamos centrados no Ego, vivemos acreditando que somente nossa própria consciência é real; os outros apenas existem em relação a nós. Nessa medida, só podemos amar a partir de um andar superior, ou seja, por meio de uma relação hierárquica – o que, no entanto, não pode ser identificado como amor, pois conduz ao isolamento.

Assim, começamos a nos indagar: Por que nos sentimos sós? Por que não nos sentimos amados? Por que, de fato, não nos sentimos aptos a nutrir amor incondicional por outra pessoa? A verdade é uma terra sem caminhos. Já que nosso tema é o amor, discorreremos sobre Sizígia, isto é, o encontro de opostos. O arquétipo da sombra representa o material, o mental e o emocional presentes no inconsciente individual e no coletivo, mas reprimido nessas duas esferas.

Jung (2013) referia-se à integração da sombra como um desafio central para a espiritualidade do Ocidente, devido à tendência cultural de reprimir, na infância, as emoções. Nosso tema, com base na perspectiva junguiana, trata do encontro entre o feminino e o masculino, de modo a favorecer a compreensão do desenvolvimento do *chakra* cardíaco; masculino e feminino significam, aqui, grandezas simbólicas, portanto, não devem ser identificadas com o homem e a mulher concretos, já que a psique masculina contém os elementos contrassexuais femininos – os quais Jung denomina de *Anima* – e a psique feminina, os elementos contrassexuais masculinos – chamados de *Animus*.

Neumann (1995) atribui o nome de *uróboro* materno ao estágio original, tanto do desenvolvimento feminino quanto do masculino. Nessa fase, o feminino encontra-se no estágio de autoconservação, ou seja, o ego permanece unido ao inconsciente materno e ao si mesmo. A dominância do materno equivale a uma separação e a um estranhamento em relação ao masculino, impossibilitando, desse modo, um encontro individual e total entre masculino e feminino.

Para o masculino, o autoencontro atrela-se, essencialmente, ao desenvolvimento da consciência e à separação dos sistemas consciente-inconsciente; em direção oposta, portanto, à identificação primária com a mãe. Já para o feminino, o autoencontro é primário, podendo permanecer na relação primordial de identificação com a mãe, desenvolver-se e chegar a si mesmo, sem ter de deixar o círculo da Grande-Mãe; quando isso ocorre, o feminino continuará infantil e imaturo no sentido do desenvolvimento da consciência, embora não alienado de si mesmo.

Na mitologia, reconhecemos o fenômeno na relação simbólica de Deméter e Coré. O mesmo quadro, no masculino, causaria uma possível castração. Essa situação é simbolizada mitologicamente pelas deusas-mães e por seus filhos-amantes que são castrados, morrem e renascem. Por exemplo, Afrodite e Adônis, Cibele e Átis. No homem, a identidade de si, enquanto masculino, desenvolve-se por meio do distinguir-se da relação primordial, na medida em que a identificação com o outro – a mãe – evidencia-se, desde cedo, como falsa.

A experiência permanece ativa na tendência de estabelecer relações por separação e confronto, relações a distância no mundo consciente do logos e, também, na tendência de não querer se identificar, inconscientemente, com o outro. Da mesma forma, a fim de que a mulher possa atingir a consciência, é importante a dissolução da totalidade inicial; assim, o feminino prepara-se para "ser diferente", centrando-se "fora de si", por meio de um outro, masculino, que tem o papel de consciência libertadora, vivenciado como transpessoal ou pessoal, como externo ou interno.

Neumann (1995) descreve como *uróboro* patriarcal a aparição do arquétipo do pai, em que o feminino experimenta-se como mulher. Vivencia o espírito como um númen masculino transpessoal desconhecido que penetra e se apossa do feminino, possibilitando, portanto, o sair de si. Esse estágio surge na mitologia como o deus que se apossa da virgem como chuva, vento, raio, lua, ou penetra na mulher como falo numinoso em forma animal, como cobra, pássaro, touro. Também se encontra presente nos Deuses da fecundidade, como Dionísio (Shiva).

Ao aceitar a situação de ser possuído, o feminino ultrapassa a autoconservação da relação primordial com a mãe e é conduzido, por meio da renúncia, à resolução do medo e à sua transformação em êxtase e orgasmo. A comoção orgástica, ainda que se manifeste no corpo, assume um caráter espiritual, especificamente feminino, como experiência do espírito. O fenômeno está relacionado ao símbolo da lua na mitologia, diferente da lógica abstrata do espírito masculino-patriarcal.

A fase de autorrenúncia implicaria o perigo de o feminino tornar-se vítima do masculino, ou de não poder diferenciar-se. Mas, pelo contrário, identifica-se com ele, acarretando a inimizade da Grande-Mãe, em seu aspecto negativo. Quando o feminino é dominado pelo *uróboro* patriarcal, permanece em servidão ao espírito e tão alienado de si mesmo que perde a relação com a sua feminilidade, inclusive com seu próprio corpo. A atuação do *uróboro* negativo como espírito fascinante configura a filha do "pai eterno".

O espiritual transpessoal, ao qual o feminino vincula-se, também pode surgir personalizado em um grande homem, conduzindo a mulher a viver sua vida como *Anima* de um homem, como inspiradora, o que significa a perda de sua individualidade; pode, inclusive, tornar-se estéril, porque se desconecta de seu lado sombrio e fértil da terra.

A possessão pelo *Animus* também explica o não poder diferenciar-se do masculino: o feminino torna-se vítima da tendência à relação de identificação e, desse modo, aliena-se da própria natureza, na medida em que sobredesenvolve o lado masculino. A fixação no *uróboro* patriarcal pode significar um entrave à relação mulher-homem, no sentido de que basta o homem pessoal. Enfim, a sociedade patriarcal caracteriza-se pela dominância dos valores masculinos em oposição aos do feminino, além da máxima repressão possível sobre o inconsciente.

Por outro lado, para que haja a possibilidade de um encontro caracterizado por uma relação individual, de amor, entre masculino e feminino, é necessária a integração *Anima-Animus*. A pré-formação arquetípica dessa situação amorosa individual manifesta-se no mito de Amor e Psique. No encontro entre masculino e feminino, as estruturas consciente e inconsciente relacionam-se como totalidade. Não obstante isso acompanhe todo o desenvolvimento humano, é precisamente na metanoia que adquire maior emergência. Em outras palavras, surge intrapsiquicamente, na conscientização, a relação do masculino com seu próprio feminino – e do feminino com seu próprio masculino. O que, muitas vezes, pode provocar rupturas em relações conjugais, pois requer tolerância mútua.

A assimilação do lado feminino, pelo homem, integra seu processo de individuação, que pode revestir-se de sofrimento, pela projeção, na mulher, dos traços femininos de sua personalidade. E a cultura patriarcal não estimula esse processo, o que constitui uma diferença, se o comparamos à assimilação, pela mulher, do lado *Animus*/masculino. Nela, entretanto, o processo não ocorre. Espera-se que cumpra simultaneamente os papéis masculino e feminino. No decorrer do processo de individuação, principalmente na segunda metade da vida, na metanoia, masculino e feminino podem superar a consciência patriarcal e, assim, vivifica-se a consciência matriarcal.

De acordo com o apontado por Neumann (1995), a consciência matriarcal domina onde a consciência ainda não está – ou não está mais – patriarcalmente liberada do inconsciente. Isso ocorre nos primórdios da história do homem, na infância e nos processos criativos da individuação. Nas palavras do autor:

Não se pode esquecer que o criativo, em sua essência, está relacionado com a consciência matriarcal, pois não é a consciência, mas o inconsciente que é criativo, e porque toda realização criativa pressupõe todas as posturas de gravidez e de relação que reconhecemos como consciência matriarcal. (Neumann, 1995, p. 96).

Assim, a realização cultural da pessoa criativa sempre representa uma síntese da consciência receptiva continente-matriarcal e da consciência realizadora-patriarcal. O feminino, no transcorrer da individuação, retrai-se da relação com o parceiro externo, a fim de experimentar, em um nível superior, as instâncias internas, às quais precisou renunciar no início do seu desenvolvimento.

As mesmas constelações arquetípicas – símbolos e conteúdos – são reativadas, agora, em função da personalidade total, de um desenvolvimento que tem seu centro não mais no Ego, mas no *Self*, como centro da psique unida.

Em síntese, as instâncias psíquicas, no início vivenciadas fora, no formato de projeções, tornam-se conscientes internamente, propiciando integração *Animus-Anima*, seja no homem ou na mulher. O resultado é uma integração e uma experiência do *Self*.

O ramo do amor antecede a eternidade / E suas raízes vão além do eterno. Essa árvore não se apoia no céu nem na terra / Nem sobre qualquer coluna. Enquanto sentires desejo / Sabe que cultuas um ídolo / Quando se é verdadeiramente amado / Cessa de vez o espaço para as carências do mundo.

Rumi

Referências

Alvarenga, M. Z. (2014). *Por que os deuses castigam?* São Paulo: Casa do Psicólogo.

Araújo, C. (2015). A relação pais-filhos: a tecnologia a serviço do afeto. *Anais do VII Congresso Latino Americano de Psicologia Analítica.*

Bauman, Z. (2004). *Amor Líquido: sobre a fragilidade dos laços humanos.* Rio de Janeiro: Jorge Zahar Editor,

Bonder, N. (2015) *Portais secretos: acessos arcaicos à internet.* São Paulo: Rocco Digital.

Bostock, C. (2013). *Cyberwork: the archetypal imagination in new realms of ensoulment*. Recuperado de www.cgjungpage.org.

Brien, D. E. (1997). *Archetypes of internet*. Recuperado de www.cgjungpage.org.

Brien, D. E. (2013). *The star in man: Jung and technology*. Recuperado de www.cgjungpage.org.

Jung, C. (1996). *The Psychology of Kundalini Yoga Notes of the seminar given in 1932*. Princeton University Press. (Obra original publicada em 1932).

Jung, C. (1986). *Civilização em Transição*. In: Obras Completas. Vol. X/3. Petrópolis: Vozes. (Obra original publicada em 1958)

Jung, C. (1999). *Símbolos da transformação*. Petrópolis: Vozes. (Obra original publicada em 1912).

Jung, C. (2013). *Psicologia da religião ocidental e oriental*. Obra Completa, Vol. XI/V. Petrópolis: Vozes. (Obra original publicada em 1939).

Neumann, E. (1995). *História da origem da consciência*. São Paulo: Cultrix.

Stefik, M. (1996). *Internet dreams: archetypes, myths and metaphors*. Cambridge: MIT Press.

Capítulo 6

DEUSES, TECNOLOGIA E CORPO: DA TIRANIA TITÂNICA À IMAGINAÇÃO ERÓTICA

Luciana Ximenez

Os deuses tornaram-se doenças.
(Jung, 2002, p. 43; OC XIII: 54)

A frase, dita por Jung (2002) em "O segredo da Flor de ouro", traz uma interessante reflexão sobre qual o lugar e a importância que a sociedade de sua época atribuía à alma, à psique e aos conteúdos inconscientes. O questionamento continua atual. Cada vez mais o excesso de clareza e informações da cultura ocidental traz uma estreiteza de consciência que, segundo Jung, pode ser traduzida como a *hybris* ou a inflação, que torna mais curto o caminho para a loucura.

Os deuses foram desconectados do nosso cotidiano. São tratados com descaso. Mas Jung (2002, p. 43; OC XIII: 54) afirma que

> Abandonamos, no entanto, apenas os espectros verbais e *não os fatos psíquicos responsáveis pelo nascimento dos deuses.* Ainda estamos tão possuídos pelos conteúdos psíquicos autônomos, como se estes fossem deuses. Atualmente eles são chamados: fobias, compulsões, e assim por diante; numa palavra, sintomas neuróticos.

Jung (2002) continua: "Zeus não governa mais o Olimpo, mas o plexo solar e produz espécimes curiosos que visitam o consultório médico; também perturba os miolos dos políticos e jornalistas, que desencadeiam pelo mundo verdadeiras epidemias psíquicas". (Jung, 2002, p. 43; OC XIII: 54) Os deuses viraram doenças e não há melhor forma de observar, dialogar ou mesmo acessar o panteão olímpico do que via sintoma. Convidar os deuses a conviver em nossa sociedade não significa que faremos rituais ou templos para os adorar literalmente. Ou que buscaremos a dinâmica dos antigos deuses nas novas e modernas formas de viver. Convidar deuses significa que necessitamos ter maior intimidade com o pensar mítico. Significa que novas mitologias precisam ser reimaginadas para novas formas de viver.

Se quisermos que os deuses voltem a fazer parte de nosso cotidiano, que voltem a entrar em nossas casas pela porta da frente, nada melhor do que nossos corpos para serem o fio condutor e nos tirar do labirinto. As doenças dos deuses atingem diretamente os corpos. Física ou psiquicamente, os corpos são atingidos, e não se calam.

Eles reclamam, incomodam, têm desejos. São complexos. Podem ser físicos, psíquicos, políticos, biológicos, artificiais. Corpos adoecem, entram em pânico, pedem ajuda. Buscam a saúde nas academias, nas cirurgias plásticas, nos consultórios médicos, nos nutricionistas, nas pílulas.

O filósofo Peter Pál Pelbart (2013) reflete como o corpo está cansado de tantas proibições internas e externas sofridas no processo de civilizar-se. A civilização é uma das responsáveis por silenciar os corpos de seus ruídos, impulsos, movimentos, o que acontece em várias instituições, tais como igrejas, escolas, empresas, prisões e hospitais.

> O que o corpo não aguenta mais é a mutilação biopolítica, a intervenção biotecnológica, a modulação estética, a digitalização bioinformática, o entorpecimento. Em suma, e num sentido mais amplo, o que o corpo não aguenta mais é a mortificação sobrevivencialista, seja no estado de exceção, seja na banalidade cotidiana"
> (Pelbart, 2013, p. 31).

Trocando em miúdos e resumindo em poucas palavras, o contexto biopolítico faz com que o poder gire em torno da preocupação de otimizar a vida a qualquer preço - vida essa reduzida a um corpo orgânico e biológico apenas. O biopoder passa a reforçar a vigilância, a fim de proteger e otimizar as forças vitais que ele submete. Cria sobreviventes e produz a sobrevida.

O biopoder contemporâneo reduz o homem a uma dimensão residual, não humana, vida vegetativa. E não estamos nos referindo apenas aos corpos que, literalmente, são submetidos aos avanços tecnológicos da medicina, quando naturalmente já estão cansados e pedindo descanso. Este é um tema complexo e delicado que mereceria mais atenção do que é possível nessas breves reflexões. Uma vida vegetativa pode ter inúmeras formas e nuances.

Nesse sentido, o superinvestimento do corpo que caracteriza nossa atualidade fez com que a subjetividade do corpo fosse reduzida à sua aparência e sua imagem; sua performance, sua saúde física, sua longevidade. Uma vida biologizada, que reduz o corpo a mero corpo. "Do corpo excitável ao corpo manipulável, do corpo espetáculo ao corpo automodulável – é o domínio da vida nua. Continuamos no domínio da sobrevida, da população maciça de "sobreviventes" no sentido amplo do termo" (Pelbart, 2013. p. 28).

O que o corpo não aguenta mais são os excessos de um mundo exclusiva e compulsivamente tecnológico, que expulsa os deuses do cotidiano. Um mundo que, com suas imposições patriarcais – quer nos hábitos e costumes, quer na educação, quer na tecnologia – tiraniza e monopoliza os indivíduos e seus corpos.

Patriarcado é aqui entendido como um *modus operandi*. Não se trata de uma dominância do masculino, entendida literalmente como o homem. Não é o homem que precisa ser atacado. Talvez estejamos nos referindo a um princípio masculino. Mais especificamente a uma exclusividade do princípio masculino. O monoteísmo de Logos – a racionalidade, a lógica, o intelecto, a realização, o interesse pelo pensamento assertivo, intelectual, penetrante, objetivo. Interesse pela ação e produção. O logos, segundo Hillman (1984, p. 72), "cria o mundo como narrativa e como tal é um a priori para todos os seus conteúdos e acontecimentos". Andrew Samuels (1989), por sua vez, define o patriarcado da seguinte forma:

> (...) a essência do patriarcado é ter e precisar ter as coisas em seus lugares. É caracterizado pela ordem, talvez pela hierarquia, certamente pela disciplina. Mesmo nosso uso da linguagem reforça esse aspecto, pois dificilmente concebemos um elemento sem ter algo em contraposição. O patriarcado não gosta da percepção difusa, não busca uma sabedoria na mudança, a reflexão lunar não recebe aprovação (p. 271).

Em outras palavras, o patriarcado busca as certezas, a rigidez, o maniqueísmo, a impessoalidade. Exalta a diferença e a discriminação. Desaprova o relacionamento, a emoção, tudo aquilo que é vago e nebuloso. É notoriamente resistente a mudanças. O patriarcado aprisiona no momento em que se coloca como o único e certeiro deus a ser cultuado e quando assume um determinado conceito como verdade absoluta.

David Tacey (1997) associa o patriarcado com a figura de Cronos-Saturno na mitologia grega: "o ogro recalcitrante e estático que devora sua própria prole ao menor sinal de ameaça a seu governo hegemônico" (p. 23). O patriarcado destrói.

O absolutismo e a tirania de Cronos merecem um destaque especial nessa tentativa de analisar os efeitos destrutivos que os excessos da tecnologia podem trazer aos corpos. Afinal, quem é Cronos?

Cronos era um titã. Os titãs eram filhos de Gaia e Urano e permaneceram aprisionados no ventre de Gaia, impedidos de sair pela violência do pai, até que Gaia se revoltou e planejou um golpe, junto ao caçula, Cronos. Sua astúcia fez com que o golpe planejado fosse bem-sucedido, e céu e terra – Urano e Gaia – fossem discriminados: que a luz aparecesse, que a consciência viesse à tona. Porém, o pai lhe lançou uma maldição na qual ele seria destronado por um de seus filhos. Para evitar que isso se cumprisse, Cronos engolia-os assim que Reia, sua esposa, os paria. Não queria dar lugar ao novo, não queria perder sua soberania e poder e tornou-se um tirano, da mesma forma que seu pai. Percebe-se aqui que, diferente de Urano que apenas obedecia à sua pulsão primordial, Cronos é político e estratégico. Age premeditadamente. Mas de nada adiantou seu jeito político de ser. Da mesma forma que seu pai, perdeu o trono por uma artimanha de sua mãe com seu filho caçula, Zeus.

Cronos não aceitou a derrota assim tão facilmente. Guerreou – guerreia até hoje - para destruir os deuses, o pensamento mítico, as metáforas e a imaginação. Zeus o vence. Vence porque faz laços, une-se aos outros deuses e criaturas que haviam sido aprisionadas pelos titãs. Utiliza-se da palavra, da magia e não da força bruta. Seus pares o escolhem como rei. Diz Jean-Pierre Vernant (2000, p. 35):

> A vitória de Zeus não é só um modo de vencer o adversário e pai Cronos, é também uma maneira de recriar o mundo, refazer um mundo ordenado a partir de um Caos, onde nada é visível, onde tudo é desordem.

É nessa ideia do absolutismo, do excesso e da desmedida titânica, que me apoio na ideia de absolutismo tecnológico. Quando a tecnologia se identifica com o patriarcado titânico, a imaginação perde espaço, Eros se retira, Dioniso – com seu corpo poroso – se inquieta. A tecnologia invade o cotidiano na forma de se relacionar, na forma de trabalhar, na forma de tratar as doenças. Até Apolo, que é o deus da razão, é desonrado com nosso racionalismo unilateral porque ele também é o deus dos sonhos e profecias. As exigências tecnológicas levam corpo e alma aos seus limites. O stress, por exemplo, é um sintoma titânico, que indica o cansaço do corpo e da alma.

Diz Glen Slater (2015) que

> Os Titãs nos prendem com suas garras por meio da inconsciência, através de nossa recusa a ouvir nossos corpos e corações. Eles prosperam na dissociação, na pressa, e na distração cega. Quanto mais entorpecidos estamos, mais vivemos no automático, mais permitimos que a mente coletiva eclipse os eventos singulares e únicos de nossas vidas, e mais espaço abrimos para os gigantes se apoderarem" (Slater, 2015).

A tecnologia titânica pretende uniformizar e indiferenciar corpos, tornando-os anoréxicos, objetivos, funcionais, padronizados. Corpos de mulheres e corpos de homens que se mantêm aprisionados na tirania da exigência da sociedade patriarcal. Corpos que sofrem nas academias e nos consultórios de cirurgiões plásticos com a finalidade de obedecer, não a uma demanda da alma, mas a uma pressão pela semelhança.

A luta titânica pelo absolutismo tecnológico quer expulsar a poesia, a metáfora, a imaginação e a tradição dos eventos mais cotidianos. Tomemos emprestado um exemplo trazido por Rafael Lópes Pedraza (2002, p. 89) em seu livro "Dioniso no exílio":

> Os efeitos benéficos do vinho passaram a fazer parte da obsessão com as dietas e com o colesterol dos meios médicos e científicos, mais do que a continuação de uma tradição cultural que enriquece a vida. Com um pouco de imaginação, podemos ver que esta retórica participa da mesma batalha entre Dioniso e os titãs: a perigosa aceleração da mentalidade titânica de hoje pode ser diminuída ingerindo-se um ou dois copos de vinho durante o almoço. Vejo nisso a domesticação dos acelerados impulsos titânicos. Inclusive, recentemente, fomos informados de que a casca da uva é um preventivo contra o infarto e o câncer. No entanto, a profissão médica na sua ansiedade de prevenir o alcoolismo e a dependência, concentra-se em produzir uma pílula que apresente as mesmas propriedades da casca da uva. A cultura dionisíaca do vinho foi

> reprimida mais uma vez. A ciência titânica carece de imaginação para apreciar que um copo de um bom vinho fala ao coração e, só com isso, pode curá-lo.

A tecnologia precisa conter, não só os titãs, mas também os deuses. A hegemonia da tecnologia é o que adoece o mundo. Eros, por exemplo, precisa ser incluído: pela via da arte, da literatura, do cinema, do teatro. O problema não é a tecnologia, mas seu uso: o excesso de informação, a ausência de reflexão, o pensamento tecnicista.

A tecnologia não precisa ser titânica. Não precisa se fechar para a entrada dos deuses. A tecnologia pode agir a favor de Dioniso. Pode permitir que corpos sejam imaginados. Pode permitir, por exemplo, que um corpo transexual tenha a possibilidade de ser reinventado. Ou que Eros jogue suas flechas nas relações virtuais.

Para Jung (2012), Eros une e conserva relações. Sua natureza é tanto espiritual quanto animal, por isso Eros se faz presente em todos os tipos de relacionamento: amorosos, sexuais, profissionais, fraternais, na amizade, nos hobbies, na arte. E por que não na tecnologia?

Diz Hillman (1984, p. 62) que Eros "intima, inicia, excita, cria vida. Eros tem conexões míticas específicas com Fanes, o portador da luz; com Hermes, o mensageiro masculino, com Príapo, a encarnação fálica; com Pã a força masculina da natureza; com Dioniso, a indescritível energia viva".

É filho de Afrodite, a deusa da beleza. O amor em sua forma masculina e feminina. Eros abarca corpo, alma e espírito. É ele quem penetra e colore padrões de determinados comportamentos provocando eventos transformadores. É ele o intermediário entre o pessoal e algo além do pessoal. É ele que enlaça, mantém juntos e une os opostos. "Ele conduz a alma aos deuses e traz um pouco da luz e do sublime horror do divino para a alma – pois no amor somos o melhor e o pior de nós mesmos" (Hillman, 1984, p. 77).

Eros presente na tecnologia pode abarcar a relação com o próprio corpo e com o corpo do outro. Um corpo que não se torna robotizado e obediente, mas um corpo que pode ser afetuoso, criativo e envolvido – qualidades de Eros.

Esse corpo erótico e não robotizado pode se tornar um mediador do ego com o inconsciente e do ego com o mundo, se relacionando com outros corpos – sejam eles visíveis ou invisíveis - de forma imaginal e metafórica. O corpo deixa de ser aprisionado e transborda, na presença de Eros.

Dessa forma, é mais possível que se abra um canal de comunicação entre a vida interior e o corpo, que passa a ser emocional, porososo e flexível. A ligação entre psique e corpo se refere ao corpo como um todo: disposições, movimentos, orgulho, vergonha, rigidez, desordem, flexibilidade, exibicionismo. Andrew Samuels (1992, p. 134). afirma que nesse nível "o corpo em questão é mais um corpo psicológico, um psicossoma, um corpo imaginativo, permitindo um amplo espectro de experiências".

Jung (2012), em Mysterium Coniunctionis, afirma que a alma pode ser atingida devido ao contato com o corpo. Nesse sentido, o corpo torna-se o local para a revelação das metáforas da alma. É através dele que a pergunta "o que a alma quer?" pode ser respondida.

O corpo dá voz à alma e pode realizar seus desejos. Ele se torna uma das vias de comunicação entre o mundo interno e o mundo externo, tornando visível o invisível e realizando o irrealizável.

O corpo pode ser visto como aquele que, quando na presença de Eros, permite que a alma se manifeste. É o próprio Jung (2012) quem nos ensina que justamente porque a alma anima o corpo, ela favorece o corpo e tudo o que é corporal, sensual e emocional.

Quando o corpo não está rígido e aprisionado, ele se torna um corpo poroso, flexível, erótico, que sente dor e prazer no encontro, que é afetado e se deleita no contato com outros corpos, sejam eles visíveis ou invisíveis, externos ou internos, literais ou imaginais.

Mas como preservar a capacidade de ser afetado, como permanecer poroso, permeável em um corpo excessivo, forte, perfeito e blindado? Corpos blindados não podem ser penetrados. Para tocá-los é preciso esvaziá-los, deixá-los imperfeitos e até fragilizados. Pelbart (2013, p. 32) questiona: "Será preciso produzir um corpo morto para que outras forças atravessem o corpo?"

Talvez seja aí, nesse corpo esvaziado, robotizado; nesse corpo sobrevivente e quase sem órgão, um corpo zumbi, que encontraremos - ao redor do corpo - na metáfora da tecnologia, o que Pelbart (2013, p.33) chamou de

> (...) um domínio intensivo, uma nuvem virtual, uma espécie de atmosfera afetiva, com sua densidade, textura, viscosidade próprias, como se o corpo exalasse e libertasse forças inconscientes que circulam à flor da pele, projetando em torno de si uma espécie de sombra branca.

E assim, o corpo aparece impotente e fragilizado. Dessa forma, muitos outros dados, figuras e imagens são descobertos na nuvem virtual e no vácuo da inconsciência. Descobre-se uma potência superior que, às custas do próprio corpo, impulsiona tal corpo a reimaginar a vida.

A tecnologia pode sim ser uma das vítimas da cultura patriarcal e torturar corpos e alma com sua tirania e com seu monoteísmo absoluto. Mas a tecnologia pode também erotizar esses corpos. Pode reinventá-los e individuá-los. Pode ser metáfora para imaginar as ausências da vida e pode ser portadora dos deuses em sua nuvem virtual.

Referências

Jung, C.G. (2002). Estudos Alquímicos. In: *Obras Completas* (Vol. XIII). Petrópolis: Vozes. (Obra original publicada em 1936-7).

Jung, C.G. (2012). Mysterium Coniunctionis. In: *Obras Completas.* (Vol. XIV/2). Petrópolis: Vozes. (Obra original publicada em 1936-7).

Hillman, J. (1984). *O mito da análise: três ensaios de psicologia arquetípica.* Rio de Janeiro: Paz e Terra.

López-Pedraza, R. (2002). *Dioniso no exílio: sobre a repressão da emoção e do corpo.* São Paulo: Paulus.

Slater, G. (2015). *Encontrando deuses numa era titânica.* Recuperado de www.arquetípica.com.br.

Taccy, D. (1997). *Remaking man: Jung, spirituality and social change.* London: Routledge.

Pelbart, P.P. (2013). *O avesso do niilismo: cartografias do esgotamento.* São Paulo:N-1 edições.

Samuels, A. (1992). *A psique plural: personalidade, moralidade e o pai.* Rio de Janeiro: Imago.

Samuels, A. (1989). *Jung e os pós-junguianos.* Rio de Janeiro: Imago.

Vernant, J.P. (2000). *O universo, os deuses, os homens.* São Paulo: Companhia das Letras, 2000.

Capítulo 7

E HOJE EM DIA, COMO É QUE SE DIZ, EU TE AMO? RELACIONAMENTOS A DISTÂNCIA E DISTÂNCIA NOS RELACIONAMENTOS.

Daniela Laskani

E hoje em dia, como é que se diz, eu te amo? Essa pergunta foi feita por Renato Russo (em 1993). O amor, já na década de 90, começou a dar seus primeiros sinais de mudança em conjunto com os meios de comunicação. Como será que o amor se faz presente na nova era?

Embarco aqui no desafio de discutir sobre distância e relacionamentos. Quantos caminhos há para se pensar a distância? Quais as metáforas da distância? E dos relacionamentos? Pensar a distância pela perspectiva arquetípica nos devolve a possibilidade de imaginar a distância de uma forma multifacetada, politeísta, campo de todos os deuses. Todos eles em algum momento se relacionaram e distanciaram de algo ou alguém. Um verdadeiro jogo da vida, aproximar-se e afastar-se.

É extremamente comum recebermos no consultório pessoas com queixas sobre a distância que existe com o parceiro ou com a parceira em um relacionamento amoroso, sem contato erótico algum entre as almas que estão separadas por milímetros de distância. Por outro lado, muito se escuta sobre relacionamentos a distância, separados por muitos quilômetros, e porém próximos e conectados por telas de tablets e celulares.

Eros, como conta o mito, exige que sua figura seja apenas imaginada. Do ponto de vista psicológico podemos entender essa passagem como um chamado para imaginar um relacionamento único e criativo. Isso quer dizer que podem existir tantos tipos de relacionamentos quanto pessoas se relacionando. "Eros precisa ser restituído ao seu legítimo lugar como a função do intercurso humano criativo" como bem disse Robert Stein (1999, p. 194). O deus do amor limita-se à função de um princípio criativo de união com a finalidade de criar novas totalidades e infinitas formas de amar.

Não é possível falar de amor sem falar de anima, princípio feminino presente na psique de todos os seres humanos. A anima intui quando é necessária a busca complementar de si. Enquanto o amor transita em direção à alma de outra pessoa, também busca o caminho inverso com a intenção de totalidade e união interna. Diante do outro que funciona neste momento como estímulo mobilizador, o indivíduo apaixonado se deslumbra e o ego não pode fazer mais nada além de sair de cena. O parceiro reflexivo acaba sendo o condutor de uma alma que busca na paixão uma forma de se pensar criativamente. A alma pedindo uma nova configuração de si mesma. Mesmo que seja através de um caminho desconhecido, encontrar o próprio brilho no outro é em si uma forma de transcendência.

Hillman (1985) faz um paralelo com a imagem das mariposas fascinadas pelo fogo. As asas, referem-se à anima e o fogo ao amor. O movimento da anima é em direção ao amor na tentativa de transformar a reflexão em vínculo.

Podemos dizer que hoje vivemos numa época chamada pós-modernidade, caracterizada pela era visual e a chegada da tecnologia. Por ser ainda uma época presente no nosso cotidiano, devemos considererá-la desconhecida. Apenas se olharmos com certa distância é que teremos condições de enunciar uma época sem nenhum comprometimento.

Não há como ter ideia dos desdobramentos e das consequências que a tecnologia e o mundo virtual podem ou poderão ocasionar na sociedade como um todo. Tampouco podemos afirmar quais as possíveis formas de amar do futuro permeadas pela tecnologia virtual. Mas se o deus que está vigente é Eros, significa que há formas possíveis e criativas de vínculo, além de caminhos para construções de novas e desconhecidas relações.

Teorizar o amor é mais que um desafio, é uma cilada. Palacio (2018), ao discorrer sobre a vida dos principais filósofos que trataram do amor, afirma que viviam na mais profunda pobreza erótica. Escondiam-se como um peixinho que se aproveita da sombra do tubarão para não correr o risco de ser engolido por ele. Sobre o dia a dia de um casal, de indivíduos que buscam relacionar as partes que se complementam não há como traçar fórmulas, correções. Não há lógicas.

Se nem os sábios filósofos conseguem entender o que é o amor, logo eu penso que o amor pode ser tudo menos entendido. O amor, deve ser refletido, espelhado através de uma imagem anímica e só assim poderemos reconhecer a qualidade de seu desejo. Nesse pequeno espaço, portanto, não me atreveria a reduzir o que significa um relacionamento a distância, muito menos traçar os distanciamentos que possam existir entre casais. O que proponho, então, é imaginar as perspectivas de distância nos relacionamentos que podemos vivenciar em tempos pós-modernos e de vida virtual.

Relacionamentos a distância existiam muito antes da chegada da tecnologia. A comunicação acontecia por cartas, posteriormente por telefone, emails e chats. Mas antes de tudo, uma conexão que nunca se preocupou em ser traduzida por palavras ou megabites. Como num conto de Vargas Llosa (2015), que começa nos anos cinquenta em Lima sobre um amor que durou quarenta anos em poucos dias juntos. Um amor nada romântico, mas com profundidade. De uma distância extremamente próxima entre duas almas soltas pelo mundo que se encontravam no outro a cada intervalo de tempo.

Di Yorio (1996), conhecida pela sua experiência no atendimento de casais, descreve alguns caminhos possíveis das fantasias presentes nos relacionamentos amorosos. A idealização do outro é o que marca o inicio de um encontro amoroso, uma paixão. Nesse momento se estabelecem muitos planos e se ignoram praticamente todas as diferenças e as atitudes não bem vindas ou desagradáveis. É uma fase fundamental mesmo que idealizada. Vive-se um rio de emoções, trocas afetivas e vivências psicológicas profundas capazes de arrastar esses indivíduos para seu mundo imaginal arquetípico. Como foi dito anteriormente, é o princípio de uma tentativa de caminho criativo da busca de si no outro. A tentativa de diminuir o abismo das distâncias de si mesmo.

A idealização do outro, que estará sempre presente, é seguida por decepções proporcionais ao nível de idealização. O aprofundamento do vínculo nos momentos de decepção dependerá da capacidade dos envolvidos em lidar com a frustração com que se deparam quando o outro não mais corresponde à imagem idealizada ou ao reflexo anímico. Frente a frente com o desmoronamento da imagem que uma dia brilhou, eis uma nova possibilidade criativa para se reimaginar e designar uma nova imagem para o outro.

No caso de relacionamentos a distância, a tela do laptop ou celular podem funcionar como um filtro UV para evitar o ofuscamento do brilho que até então iluminava a pessoa amada. Esses podem evitar que se entre em contato com o ser real. Porém não é o tamanho da tela que determina o ser ou não ser da relação, mas a disponibilidade dos indivíduos em lidar com a realidade. A disponibilidade para o aprofundamento na decepção.

Da mesma forma que é perigoso determinar o que é o amor, tampouco podemos empobrecer e literalizar o significado da tecnologia sendo tragados para uma perspectiva de cura do mundo tecnológico. Em vez do caminho, devemos buscar enxergar com olhos de Afrodite, uma perspectiva nua do fenômeno virtual.

Não seria a tecnologia um fenômeno do mundo? A era virtual faz parte da alma do mundo, da *anima mundi*. A tecnologia, portanto, disponibiliza as mais diversas imagens e novas perspectivas na relação com pessoas, com o tempo e o espaço.

A tecnologia só pode ser patológica quando privada de alma, em sua forma literal, em vez de poder ser imaginada, animada. Imaginada inclusive como sintoma. Somente diante do potencial imaginal da tecnologia ou de qualquer outra coisa mundana, Eros pode dar qualidade de sentido erótico atribuindo material, ritmos, formas e movimentos; tamanho, tela, paisagens, cenário, volume, língua e linguagem.

Para pensarmos sobre o assunto com responsabilidade estética, respeitando a complexidade da imagem apresentada tal como ela é, na sua beleza nua, pergunta-se: O *que são* relacionamentos ou distâncias? *Onde estão* e de que pontos distam? *Quem são* os que se relacionam? Em vez de só perguntar *Por que* se relacionam? ou *Por que* se distanciam? *Como* se relacionam? *Como* se mantêm distantes? e *Para que* se relacionam? A imagem é complexa e não pode ser simplificada como apenas projeção subjetiva, é preciso conectar o indivíduo com a alma do mundo, da forma como ele vem sendo apresentado.

Hillman (2014) aponta que fantasias de catástrofes nos rodeiam, anunciam o fim do mundo apocalíptico. Mas qual mundo que está chegando ao fim? A psicologia arquetípica, na tentativa de levantar os fenômenos do mundo através de imagens, nos convida a sair do literalismo, sendo a literalidade do mundo o principal fator provocador de todas as catástrofes vistas até hoje.

Muitos pensam a tecnologia como a catástrofe da nova era. Bauman (2004), por exemplo, compara os relacionamentos reais e os virtuais, atribuindo-lhes inclusive esses nomes reais e virtuais. Considera esses últimos como fáceis de usar e manusear e tem sua principal ferramenta na tecla *delete*. Ao mesmo tempo, diz que é impossível aprender a amar ou dominar o amor, por se tratar de um momento único mesmo quando se apaixona mais de uma vez na vida. De novo, o amor busca a transcendência, um impulso criativo carregado de riscos. Um futuro misterioso impossível de ser descrito antecipadamente, um destino incerto em que o medo se funde com o prazer e alegria numa mistura irreversível. Ainda afirma que sem humildade e coragem não há possibilidade de amor. Como passar por uma tormenta sem a coragem para atravessar as (a)marés e a humildade para se deixar levar pela força das ondas? Não podemos determinar o real do amor. A fragilidade do amor consiste em suportar as vulnerabilidades em sua leveza ou superar a dualidade tentando domá-la, uma mórbida inclinação suicida de Eros.

A catástrofe do amor pode acontecer em qualquer distância e deve portanto ser pensada individualmente e não como um conjunto de regras estabelecidas a priori.

Podemos fazer um paralelo das ideias de Hillman (2000) sobre a sexualidade na terceira idade com os relacionamentos que existem porém carecem do corpo conhecido ou daquele com o qual sempre se relacionou. Ao escrever sobre o envelhecimento e o medo atribuído a esse fenômeno, o autor problematiza a sexualidade como um campo de imaginação que desperta e se intensifica diante da possibilidade libertária quando o corpo se encontra limitado. A imaginação solta e sem censura precisa de momentos sem corpo, sem literalização para exercer seu legado. Talvez seja essa a mesma ideia, pensando de forma oposta, que afasta os corpos que estão próximos fisicamente, a falta da imaginação. O empobrecimento imaginativo cria distâncias, abismos nas relações.

Quando se abrem portas para imaginar o amor e a sexualidade, não existem limites entre o céu e o inferno. Uma caixa de pandora repleta de seres mágicos pode finalmente sair da caixa convencional da normalidade e podem despertar sentimentos como vergonha e medo. Por outro lado, sentimentos mais aventureiros podem emergir juntamente com o medo do desconhecido, e assim, descobrir fantasias consideradas até então as mais ridículas, bobas, absurdas. Com elas fazer inúmeras piadas sobre si mesmo. Rir é um caminho possível, prazeroso e menos ameaçador para vincular-se com o desconhecido e, o amor é sempre desconhecido, um desconhecimento sobre suas próprias fantasias.

As relações de "copresença" (termo usado por John Urry citado por Bauman) sempre envolvem proximidade e distancia, sensatez e imaginação, mas realça que a proximidade virtual pende em favor do afastamento, da distância e da imaginação. O celulares garantem um lugar seguro que anulam os limites de antigamente. Diz que a proximidade não exige mais contiguidade física; e a contiguidade física não determina a proximidade. O autor se pergunta se a rede eletrônica está serviço de facilitar a conexão ou de cortar conexões. E responde que a proximidade virtual torna as conexões humanas simultaneamente mais frequentes, porém banais, mais intensas e breves.

"A distância não é obstaculo para se entrar em contato - mas entrar em contato não é obstáculo para se permanecer à parte". Essa frase do Bauman (2004, p. 83) ilustra bem o que estamos destacando aqui, distância e vínculo são fatores independentes.

Estamos destacando aqui que o fenômeno da distância e do vínculo são fatores independentes e não podemos culpabilizar a tecnologia pelo recuo da proximidade nas relações humanas. Apenas apontar que os mecanismos virtuais facilitam o que chamei lá em cima de filtro UV para não entrar em contato com o ser real. Mantêm uma distância cômoda e acessível. Vantagem para o mundo líquido e moderno. As habilidades do mundo não virtual vão caindo em desuso por exigirem um maior esforço e muitas vezes chegam a nem serem apreendidas, pois podem representar um desafio incômodo.

O que restringe e o que aterra na liberdade imaginativa é o corpo. Se vivemos em tempos de excesso de *pneuma*, de pensamentos, tempos de excesso de espírito airado, o corpo é o limite. Como imaginar com corpos? Como foi dito acima, a anima são as asas, o ar, e o fluxo que busca se conectar com a chama de Eros, o fogo do amor. O amor está preocupado em se vincular e a anima caminha em direção à energia que estabelece uma conexão interior de conscientização sobre sua natureza insconsciente. Personificam a tensão dos opostos: fantasias e impulsos, profundezas e ascensão, corpo e espírito, que devem ser devidamente discriminados e depois unidos, buscando o estabelecimento da conexão criativa de união e totalidade.

O amor busca proximidade, mas o desejo precisa de distância, afirma Esther Perel (2007) em um dos capítulos de seu livro *Sexo no Cativeiro*. Elucido a ideia da autora sobre necessidade do jogo de opostos como aproximar-se e distanciar-se na tentativa de manter a tensão fundamental para que a capacidade imaginativa de um casal não se esgote na intimidade.

O amor é um exercício de percepção seletiva. Nasce da imaginação e é criativo no preenchimento dos nossos desejos, permitindo a transformação. Quando correspondido, nos faz sentir valorizados na medida em que o outro confirma suas projeções e expectativas. O amor é um ato de imaginação, e a intimidade é um ato de repetição. Os hábitos, a rotina e a familiaridade presentes nas relações íntimas geram sentimentos de segurança e tranquilidade. Os casais nesse momento se livram das cerimônias e dos constrangimentos. Forma-se outra imagem do outro, conhecendo seus valores e falhas. O amor, portanto, se equilibra entre dois pilares: a entrega e a autonomia; o primeiro necessita de união e o segundo busca o distanciamento necessário. Estar muito distante impede a ligação, o vínculo, mas o excesso de união elimina a independência. É o excesso de proximidade que impede o desejo. Quando dois viram um, a ligação é impossível, uma vez que já não existe o outro, não há com quem estabelecer uma união. O distanciamento é precondição para a ligação, um paradoxo essencial para a intimidade e para o amor. Ligação e independência são condições necessárias para o desenvolvimento seja do um, do outro ou do casal.

No início de um relacionamento o ato de entrega ocorre mais facilmente, pois as fantasias estão definidas externamente. Ainda há espaço para imaginar que não existe espaço algum, a alteridade é um fato, os dois ainda são distintos. Gozam da distância que lhes permite sentir livremente a confluência do amor e do desejo. Ainda não estão diante dos conflitos que posteriormente de certo irão aparecer.

Ao contrário do que muitos pensam, não é o medo da intimidade, da entrega que distancia a relação do casal, mas o excesso de envolvimento que priva da liberdade e espontaneidade que o erotismo exige. Passam a sentir que a intimidade é sinônimo de aprisionamento, o que pode desencadear o medo de ser engolido por ela. A distância necessária busca, então, delinear o limite entre o eu e o outro, uma vez que a excitação sexual requer certa dose de egoísmo e não preocupação. Por outro lado, a intimidade preza pelo bem estar da outra pessoa com quem se está relacionando. É preciso separar o íntimo do erótico e para isso a distância é necessária. É dessa tensão de opostos que vive o desejo.

A intimidade que se busca na relação funciona como proteção da solidão e manter a distância para o erotismo significa deixar o conforto de estar em casal e se permitir sentir-se mais só. A insegurança que a distância gera é um requisito para manter o interesse numa relação. Mas o que mais observamos acontecer numa relação amorosa é o afeto abafando a atração. Em um mundo que conquistou o casamento por amor, a intimidade pode ser a busca essencial do casal, muitas vezes promovendo invasões em vez de relações. O diálogo aberto e sincero é idealizado, e o corpo ignorado. Perel (2007, p. 68) diz "Numa época em que poderíamos usar praticamente qualquer meio para nos ligar, precisamos exaltar e reconhecer as muitas formas pelas quais podemos tentar entrar em contato com alguém". A autora está falando das múltiplas formas de se conectar e criar proximidade com o outro que não se limitam à fala, mas ao estabelecimento de conexões criativas que, no meu ver, são possíveis tanto distando de muitos quilómetros como de poucos milímetros. Da possibilidade de criar corpos onde não há e ampliar imaginação que se encontra atrofiada. A imaginação erótica tem força para anular a razão, o convencional, o tradicional e regras sociais. É a imaginação que nos permite liberdade para dar conta dos limites da realidade.

Pensando dessa forma, os relacionamentos a distância parecem ter vantagem na possibilidade criativa e imaginativa carecendo de um corpo físico. Mas será regra a falta de corpo num relacionamento a distância? E os corpos que se excitam diante de uma fala ou imagem? O corpo também pode sentir o limite de não poder vivenciar toda e qualquer fantasia. O relacionamento a distância é um relacionamento comum da nova era, que pode imaginar, fantasiar e projetar futuros encontros e planos como qualquer outro relacionamento. Relacionamentos próximos fisicamente podem carecer de presença, de excitação, de fantasias e planos para futuros encontros. Estar ao lado, dia após dia, não significa estar presente, muito menos vinculado ao outro. Pode inclusive significar, por um período de tempo indeterminado, usar aquele filtro UV sem proteção de tela, para não ter que lidar com o ser real.

A intimidade sem limites como estamos vendo pode ser a responsável pelo esgotamento do espaço para a fantasia que o erotismo necessita para sobreviver. Pode, também, ser responsável pelo sentimento de segurança tão almejado pelos casais na busca de sanar a insegurança provocada pelo desconhecido, pelos desafios dos labirintos do amor. Uma força que pode ser a responsável pela construção da própria força.

Não estou dizendo que um casal não possa criar intimidade se quiser se manter vivo e aceso. Mas que a intimidade deve ser próxima o suficiente para manter a distância necessária para continuar se vendo separado do outro, para continuar se relacionando com o outro e mantendo o outro vivo. Se não houver o outro, tampouco haverá relação.

Ao meu ver não é a distância o problema, mas o distanciamento da capacidade imaginativa. Ela pode ser um problema quando não aterra ou recebe um corpo que possa perceber os limites da imaginação.

O corpo deve estar presente e ausente tanto em relacionamentos a distância quanto em relacionamentos presenciais. Um corpo que aponta para o limite na capacidade de imaginação, concretização, *sublimatio* na imaginação e *coagulatio* no corpo, sabendo afastar-se ou aproximar-se.

Para concluir, dinâmicas de casais e relacionamentos amorosos, sejam eles a distância ou não, devem ser pensados individualmente, caso a caso. Cabe questionar sobre qual a dança de distanciamento e aproximação naqueles que se dizem se relacionar. Se usam filtros UV e através de quais telas. Se há realmente dois ou se foram consumidos pela intimidade do um. Não se propõe, aqui, a redução do relacionamento a uma distância, mas a abertura à distância necessária para a manutenção da tensão que o erotismo exige para o espaço imaginativo.

O que mantém o relacionamento vivo é a dança, o jogo da vida de aproximar-se e afastar-se, distância e proximidade, misturar-se e separar-se do outro, se perder no labirinto do amor e se achar fora da relação.

É dançando que se mantém uma relação em movimento, sem criar a fantasia de aprisionamento. A liberdade está presente na capacidade imaginativa do amor. Ao falar sobre liberdade, nos apropriamos da fantasia de que liberdade e amor não podem habitar o mesmo espaço. Precisamos nos libertar dessa ideia para que possamos vivenciar a liberdade diante de todas as nossas escolhas, "liberdade em" como diz Hillman, a liberdade de estar no tempo presente, exatamente da forma como vem sendo apresentado. É no vínculo e no movimento que liberdade e amor se encontram.

Em tempos pós-modernos, presentes na era tecnológica, sim, podemos nos manter vivos! Apenas se o líquido da modernidade puder vincular, fluir e transitar entre os estados sólido e gasoso da alma do mundo.

Referências:

Bauman, Z. (2004). *Amor líquido: sobre a fragilidade dos laços humanos.* Rio de Janeiro: Zahar, 2004.

Di Yorio, V. (1996). *Amor conjugal e terapia de casal: uma abordagem arquetípica.* São Paulo: Summus, 1996.

Hillman, J. (2014). *The thought of the heart and the soul of the world.* Dallas: Spring Publications.

Hillman, J. (2000). *The force of character and the lasting life.* New York: First Ballantine Books Trade Edition.

Llosa, M. V. (2015). *Travesuras de la niña mala.* Bogotá: Penguin Random House Group Editorial.

Stein, R. (1999). *Incesto e amor humano: a traição da alma na psicoterapia*. Tradução de Claudia Gerpe Duarte. São Paulo: Paulus.

Palacio, R. (2018). *La vida erótica de los filósofos*. Bogotá: Libros Editorial El Malpensante.

Perel, E. (2007). *Sexo no cativeiro*: Driblando as armadilhas do casamento. Rio de Janeiro: Objetiva.

Russo, R. (1993) Vamos fazer um filme. O descobrimento do Brasil. [CD] Legião Urbana. Rio de Janeiro, Gravadora EMI.

Urry, John. (2002). *The tourist gaze*. Londres, Sage.

Capítulo 8

O RESGATE DA ALMA FRENTE AOS DESAFIOS, FACILIDADES E PERIGOS DA TECNOLOGIA: *LIBER NOVUS* OU LIVRO VERMELHO.

Cristiane Adamo
e Denis Canal Mendes

Introdução

Nós pagamos um preço muito alto
por nossas tecnologias e conveniências
e, como Dr. Frankenstein,
inconscientemente, tememos que
não seremos capazes de controlar
o monstro de nossa própria criação.
(Barton, 2016, p. 5)

A contemporaneidade tem nos evocado a necessidade de estarmos ligados a novos dispositivos, atendendo ao chamado da tecnologia do entretenimento, de serviços e consumos. A comunicação on-line, a internet, os *smartphones*, aplicativos, *deep web*, transformaram a dimensão das relações sociais e até os relacionamentos afetivos, criando a dimensão da virtualidade. O campo da saúde mental também foi afetado, pois para além das questões sintomatológicas (vide DSM-V: estendido, 2014), agora existem atendimentos on-line e cursos, entre outros serviços virtuais realizados e oferecidos por colegas psicólogos e psiquiatras, tentando abarcar essas novas demandas e possibilidades do mercado.

A pergunta que surge é: o que foi deflagrado pela web? Que "entidade" é esse novo "Sistema"? A imagem virtual, o computador e as conexões wi-fi se tornaram tão necessárias? O que buscamos nesse campo virtual e qual o espaço que ainda existe em relação à Alma?

Jung (2011b, 2011c), como grande visionário da contemporaneidade em seus livros "Civilização em Transição" e "Presente e Futuro", vol. 10 e 11 das obras completas, retratou questões relativas à sua época e falou sobre o tema da tecnologia numa perspectiva metafórica, pois, talvez, ele não pudesse imaginar os rumos que esses novos dispositivos alcançariam na atualidade, tanto para o lado agregador da psique, quanto para o lado sombrio e desintegrador. No entanto, estamos observando nos dias de hoje um possível distanciamento do contato com a Alma. A hipótese de afastamento e desconexão com o mundo interior e a supervalorização das conexões externas acabaram nos direcionando a reflexões e questionamentos sobre o real espaço que damos para os nossos desejos mais íntimos e sonhos: "onde a Alma se revela".

É no *Liber Novus* ou *Livro Vermelho* que Jung retrata o seu contato mais intenso com o mundo interno, numa busca de significado e sentido, se "reconectando" com aspectos muito profundos. Enfim, a proposta deste trabalho é fazer um paralelo entre a experiência de busca interior do Jung e a possibilidade de reconexão com a Alma, em detrimento do afastamento, das preocupações e conexões com os mundos externo e virtual.

Contexto Atual

A tecnologia em si é neutra. Se ela causa dano ou não, depende da atitude do indivíduo perante ela (Jung, 2011b).

É indiscutível o aumento progressivo do uso da tecnologia na rotina do dia a dia. Cada vez mais, as pessoas permanecem conectadas nas redes virtuais e por longos períodos de tempo. Os atrativos, estímulos e convites são múltiplos. Passar a vida sentado(a) numa poltrona, com o corpo inclinado e as duas mãos tocando uma tela em *touch* tornou-se algo normal.

> (...) à medida que as tecnologias invadem progressivamente as rotinas de vida, o contato com o computador deixa, cada vez mais, de ser um acontecimento ocasional de uma população específica e, portanto, o número de atividades mediadas pela internet aumenta de maneira significativa. Vale ressaltar que o tempo de uso aferido na população brasileira, repetidamente, atinge o primeiro lugar no mundo, a partir das conexões domésticas.
>
> (Abreu, C. N.: Gôes, D. S. e Meira, S. van E., 2015, p.172)

A palavra "conexão" tão própria da linguagem digital pode ser um ponto de partida para a reflexão desse trabalho. As pessoas atualmente vivem conectadas..., mas a quê? Ao mundo "fora", global, ao mundo virtual? E as conexões por meio das relações presenciais? E as conexões internas? Onde a Alma se revela?

> A tecnologia passou a ocupar um papel central no cotidiano de crianças, jovens e adultos em todo o mundo. A população mundial atualmente é estimada em 7 bilhões de pessoas, sendo que 6,29 bilhões já possuem um acesso à tecnologia móvel, expressa, primordialmente, por meio dos telefones celulares que possibilitam a conexão à internet.
>
> (Abreu, C. N.: Gôes, D. S. e Meira, S. van E., 2015, p.171)

Interessante é o número crescente e desenfreado dos aparelhos celulares. No início de sua fabricação tão grandes, caros e elitizados e atualmente são tão "indispensáveis" e populares no mundo todo.

Hoje, no Brasil, é comprovado que existem mais de 240 milhões de aparelhos celulares[1], dados que superestimam mais telefones celulares do que pessoas, pois no País, há cerca de 208 milhões de habitantes[2]. O fenômeno da internet e da disseminação de dispositivos eletrônicos criou uma nova geração, os chamados *nativos digitais*. Esse termo foi cunha-

1. Segundo dados atualizados da Anatel.
2. Dados atualizados do IBGE.

do pelo norte-americano Marc Prensky[3] para identificar aqueles que cresceram com as tecnologias digitais presentes desde sempre em suas vidas, em contraponto aos chamados *imigrantes digitais*, nascidos na era analógica e que tiveram que se adaptar. Não é preciso ser especialista na área digital para afirmar que esse movimento é irreversível, assim como os efeitos que ele provoca no dia a dia de crianças, adolescentes e adultos (Marcatti, 2019).

Esse fenômeno mundial precisa ser mais profundamente estudado. Todavia, a utilização da tecnologia e da internet ocorreu de maneira rápida e desordenada, possibilitando novos recursos para lidar com questões importantes do dia a dia, como o uso de *chats*, sites de compras, acesso a bancos, jogos eletrônicos, sites de relacionamentos, músicas, filmes, pesquisas, entre outros, utilizados como veículo de comunicação e também como fonte de informações. A realidade virtual atendeu a muitas necessidades, ofereceu facilidades,

3. **Marc Prensky** nascido nos EUA em 1946. É escritor americano e palestrante sobre educação. Ele é mais conhecido como o inventor e divulgador dos termos **"nativo digital"** e **"imigrante digital"**, que ele descreveu em um artigo de 2001 em "On the Horizon". Prensky é graduado em educação pelo Oberlin College (1966), pelo Middlebury College (MA, 1967), pela Yale University (1968) e pela Harvard Business School (1980). Ele é o autor de sete livros: Aprendizagem Digital Baseada em Jogos (McGraw-Hill 2001), Não Me incomodar - Estou aprendendo (Paragon House 2006), Ensinando Nativos Digitais (Corwin Press 2010), De Nativos Digitais a Sabedoria Digital: Ensaios Esperançosos para a Aprendizagem do Século XXI (2012), Ganho Cerebral: Tecnologia e a Procura da Sabedoria Digital (2012), O Mundo Precisa de um Novo Currículo (A Fundação Futura Global da Educação, 2014), Educação para Melhorar o Mundo: Desencadear o poder das crianças do século 21 (Teachers College Press, 2016) e 100 ensaios sobre aprendizagem e educação. Prensky também projetou o primeiro jogo de tiro em primeira pessoa para treinamento corporativo (Straight Shooter, 1987) e um conjunto de oito modelos de jogos de aprendizagem (para o Corporate Gameware em 1996).

entretenimento e lazer, e também favoreceu crimes digitais, principalmente estelionato e invasão de privacidade. Para as pessoas que não têm muita facilidade com suas ferramentas trouxe algumas dificuldades na resolução de processos burocráticos. Colocou a todos à mercê dessas questões. Quem nunca, pelo menos uma vez, encontrou dificuldade em lidar com novas tecnologias?

Portanto, a tecnologia faz parte de uma complexidade que não pode ser compreendida por meio da dicotomia: bem e mal. Ela oferece todo tipo de realidade e informação, pode ser usada de forma a nos beneficiar ou prejudicar nosso desempenho no desenvolvimento e evolução da vida, ou mesmo pode ser usada por hackers para prejudicar alguém e dar golpes. Pode ser uma fonte de prazer e relaxamento, ou pode passar a ser uma necessidade, compulsão ou vício. É, ainda, difícil estimar a amplitude da abrangência junto à população e as suas recorrentes e devidas consequências. Afinal, com a rapidez do avanço tecnológico é inevitável a dificuldade em ter a dimensão real dos fatores, prever o seu uso e expansão, é impossível conter e controlar tal alcance e difusão. É complicado e complexo compreender a dimensão das transformações nos comportamentos, os impactos emocionais e sociais gerados nas pessoas e as novas dimensões que estabelecem para as relações humanas.

Existe uma linha tênue e divisória entre o seu uso recreacional e o patológico, o que muitas vezes não é fácil de distinguir e perceber. O seu uso excessivo pode conectar uma pessoa à rede digital, abrir possibilidades, mas ao mesmo tempo representar um risco de se desconectar de si próprio, como também dos desejos, motivações, objetivos e ações no mundo real.

> (...) estamos diante de um fenômeno de comunicação e entretenimento muito mais complexo e amplo, novas dimensões para as relações humanas, sociais e emocionais. Esse fenômeno afeta igualmente pais e filhos e isso faz com que seja mais difícil para a família identificar eventuais excessos.
>
> (Marcatti, 2019, p.123)

O que diferencia essencialmente o uso considerado "normal" do início de uma dependência tecnológica é o tempo que as pessoas dedicam às outras atividades em sua vida, ou quanta energia investem em suas necessidades pessoais e relacionamentos em geral. Refletir sobre o quanto de atenção está sendo dedicado aos relacionamentos familiares, afetivos, de amizade e às pessoas físicas que estão à sua volta é extremamente importante. Analisar se não houve "abandono" ou redução de atividades escolares, profissionais ou sociais pelo uso frequente da internet, a diminuição de outras fontes de prazer e falta de práticas de atividades físicas são algumas questões fundamentais para considerar se a situação beira à patologia.

> Não é muito fácil apresentar o ponto de vista da psicopatologia, pois é necessário levar em consideração que, muitas vezes, o público desconhece esse campo tão difícil e especializado. No entanto, uma regra bem simples deve ser sempre lembra-

> da: a psicologia de massa tem suas raízes na sua psicopatologia individual. Fenômenos psíquicos desse porte podem ser investigados no indivíduo. E somente quando se consegue constatar que certas formas de manifestação ou sintomas constituem a somatória de diferentes indivíduos é que se pode dar início a uma investigação dos fenômenos de massa correspondentes".
>
> (Jung, 2011a, p. 39, OC X/2:445)

Na década de 1990, foi Ivan K. Goldberg[4], psiquiatra americano, o primeiro a apontar o surgimento de um novo problema que se manifestava por meio do uso abusivo do computador e recursos digitais. Ele criou um boletim intitulado PsyCom.net, no qual os terapeutas buscavam informações e trocavam experiências a respeito de questões envolvendo seu uso exagerado e abusivo. Muitos foram os profissionais que se identificaram com essa temática e dificuldades, então, a partir dessa experiência, Ivan Goldberg criou um grupo de ajuda.

---

4. **Ivan K. Goldberg** (1934-2013) Psiquiatra e Psicofarmacologista americano trabalhou em NY por 50 anos. Fundou a **PsyCom.net** em 1997 e trabalhou na equipe do Instituto Nacional de Saúde Mental e nos departamentos de psiquiatria do Columbia-Presbyterian Medical Center e do College of Physicians and Surgeons da Columbia University. Especializou-se no tratamento de indivíduos com HD com depressão resistente ao tratamento. Ele dedicou muito do seu tempo a avaliar e fornecer tratamento inovador avançado para indivíduos cuja depressão ou transtorno bipolar que não respondiam aos tratamentos com medicamentos padrão. Tem como uma das suas contribuições o desenvolvimento do teste para depressão ***The Goldberg Test***, um teste de triagem autoadministrado. Goldberg também é autor e co-autor de vários livros, incluindo: Perguntas e Respostas Sobre a Depressão e Seu Tratamento: Uma Consulta com um Psiquiatra Líder. É o autor do termo **IAD (internet addiction disorder)**, em 1995 quando observa os problemas no mau uso dos recursos do computador e internet.

> Observando a complexidade do assunto, o psiquiatra nomeou o termo internet addiction disorder[5] ou "transtorno de dependência da internet" (lAD), cujos sintomas incluíam "abandono ou redução de importantes atividades profissionais ou sociais em virtude do uso da internet", "apresentar fantasias ou sonhos sobre internet", "apresentar movimentos voluntários ou involuntários de digitação dos dedos", dentre outros aspectos.
>
> (Abreu, C. N.: Gôes, D. S. e Meira, S. van E., 2015, p.176)

Nos dias de hoje, a dependência da internet é assunto muito comum na mídia e vem sistematicamente aparecendo nas publicações científicas, muito embora figure apenas uma breve menção no apêndice do DSM-V (2014), sob o item denominado "questões para futuros estudos".

A dependência da internet geralmente é motivada pela busca de prazer pelo indivíduo e, tem sua origem em estilos ou reações mais empobrecidas de enfrentamento e confrontação das situações de conflito e estresse - o ego pode estar fragilizado perante os obstáculos, inseguranças e dificuldades da vida material. Por meio da conexão virtual a pessoa pode tentar "não pensar" ou evitar a dor vivenciada e sentida a partir de situações de forte carga emocional. Portanto, se conectar na rede é um jeito de "distrair" a angústia e "não sentir". A internet pode funcionar como uma forma

5. **Dependência à internet** ou **vício pela internet**, ou até **vício em internet** (em inglês **internet overuse** ou **internet addiction disorder**, **IAD**) é o uso patológico do computador no cotidiano atual com finalidade de permanecer-se sempre conectado à internet

de desviar a atenção do que causa angústia e desfavorecer a tomada de consciência de alguns conteúdos internos. O uso contínuo e prolongado da tecnologia pode atuar como uma "defesa" do sistema psíquico ou como uma compensação perante as dificuldades encontradas na vida real.

O uso abusivo e a dependência da internet estão diretamente ligados com variáveis psicossociais, como vulnerabilidades psicológicas e psiquiátricas, fatores estressantes e falta de suporte familiar e social, o que os torna fatores de risco ou proteção à dependência. Um indivíduo pode utilizar a internet para alguma atividade prazerosa, porém um dependente o faz por necessidade, buscando alívio de algum mal-estar emocional (solidão, angústia, tristeza, tédio, irritabilidade etc.). Segundo Echeburúa e Corral, algumas características de personalidade ou estados emocionais influenciam a vulnerabilidade psicológica em relação às dependências tecnológicas, a saber: impulsividade, disforia, intolerância a estímulos negativos (dores, fadiga, preocupações, frustrações etc.) e a busca exagerada de novas sensações. Outras vezes a timidez, baixa autoestima e estilos de enfrentamentos inadequados são razões subjacentes. Várias pesquisas apontam uma relação significativa entre dependência da Internet e comorbidades psiquiátricas como transtornos do humor, ansiedade, TDAH, insônia e abuso de álcool. Assim a depressão, o déficit de atenção e hiperatividade e a ansiedade social parecem estar presentes como comorbidade, tanto em adolescentes quanto nos adultos. Porém, nos adolescentes outros aspectos apa-

> recem frequentemente como a ideação suicida, comportamentos antissociais/agressivos, abuso de álcool e outras substâncias. Nos adultos, encontram-se ansiedade, compulsividade, distúrbios do sono e problemas psiquiátricos em geral.
>
> (Abreu, C. N.: Gôes, D. S. e Meira, S. van E. 2015, p. 179-180)

Como foi dito anteriormente, na grande maioria dos casos de dependência da tecnologia, é possível identificar a presença concomitante de outro transtorno mental. As pessoas com depressão, ansiedade social e TDAH podem se tornar mais vulneráveis a desenvolver também a dependência de jogos eletrônicos, por apresentarem características mais impulsivas, terem menor habilidade social, de empatia, dificuldades nos relacionamentos afetivos e com as emoções em geral.

Com o grande avanço tecnológico das últimas décadas, os jogos eletrônicos tornaram-se cada vez mais populares e são uma das mais importantes atividades de lazer para crianças, adolescentes e também adultos. Os desafios provenientes desse admirável e fascinante mundo, muitas vezes fazem com que não nos demos conta dos excessos. A evolução tecnológica tem proporcionado uma qualidade cada vez maior nas imagens e sons, e aumentado de forma inimaginável a interatividade do indivíduo com o jogo. O realismo crescente dos games tem intensificado os estímulos recebidos e exigido uma maior habilidade e dedicação do jogador para que prossiga jogando. Com narrativas complexas e atrativas, os jogos têm permitido, cada vez mais, que o jogador crie e transforme seu personagem e a sua história, sendo levado à um alto grau de imersão na realidade do jogo (Spritzer, D. T., Picon, F. A., Breda, V. C. T., 2015).

Não há nenhum mal em que joguem, se o jogo ou o vídeo forem apropriados para sua idade. É responsabilidade dos pais fazer esse filtro para as crianças, já que elas ainda não têm maturidade para discernir o que podem ou não fazer. Entrar no universo da criança significa, muitas vezes, aprender aquele jogo ou assistir a um vídeo que nos parece chato, mas que fascina tanto seu filho. Ganhar algumas horas ao lado dele, fazendo parte do seu mundo virtual, pode ser uma forma saudável de conhecê-lo melhor, identificar suas preferências e seus hábitos. Não apenas estar ao seu lado, mas conviver com ele, estabelecer um nível maior de intimidade, o que nos aproxima verdadeiramente de alguém (Marcatti, 2019, p. 124).

O afastamento do jogo e de outras mídias digitais podem ajudar na identificação mais precisa das características dos sintomas e análise do sofrimento psíquico. Olhar para a angústia ajuda a identificar o vazio que está tentando ser preenchido e a ampliar o conhecimento sobre si mesmo. Ao se tratar de tecnologia é muito difícil a abstinência completa, pela própria demanda da vida contemporânea.

À medida que o tempo passa e as interações pela internet aumentam, crescem também as possibilidades de criação de uma outra personalidade distinta daquela que se mostra na vida cotidiana: uma personalidade eletrônica (*uma persona virtual*). Essa identidade eletrônica *é cheia de vitalidade e não é afetada p*or velhas regras de comportamentos, trocas sociais e pelas etiquetas tão conhecidas (e praticadas) pelas pessoas.

Para Jung, muito da nossa subjetividade é sacrificada para alcançarmos uma imagem ideal, a imagem que escolhemos e apresentamos socialmente para sermos aceitos. A essa imagem que utilizamos como "cartões de visita" para nos apresentar, ele deu o nome de persona, que originalmente significava a máscara usada por um ator. De acordo com Jung, "a persona é (...) um complexo funcional que surgiu por razões de adaptação ou de necessária comodidade, mas que não é idêntico à individualidade" (Jung, 2011d p. 390, OC VI: 755).

Essa *persona virtual* pode ser diferente, mais assertiva, menos contida, mais desobediente e, decididamente, mais sexualizada, pois atua no limite das crenças e valores. Pode agir como uma força que libera os indivíduos de suas inibições e os leva a transcenderem suas limitações da vida material, por exemplo, nos casos de timidez excessiva, ao permitir que a vergonha possa ser superada. Assim, a *persona virtual* possibilita, muitas vezes, uma oportunidade para que as vivências da vida virtual possam se sobrepor às limitações encontradas no cotidiano, o que dificilmente seria possível em outras situações da vida. Em muitos casos, essa versão virtual complementaria a personalidade habitual ao atuar como uma extensão de nossa persona. Aqui a projeção de conteúdos inconscientes tornam-se reais e são demasiadamente presentes em algumas situações em que jovens, que naturalmente vivem períodos de insegurança (característica da idade, diga-se de passagem), podem imaginar a realização plena, viver a sua potência, quando prevalece a *persona virtual*, possibilitando fazer com que eles ajam de maneira totalmente diferente de um encontro real. H*á um paradoxo* quando existe uma identificação com a *persona virtual*, que não consegue ser sustentada nas relações pessoais durante a vida.

> Em tempos de internet e de conexão virtual, a vida digital pode ser libertadora, claro, mas igualmente aniquiladora, pois muito facilmente pode se transformar em uma muleta eletrônica, engessando as deficiências de cada um.
>
> (Abreu, C. N.; Gôes, D. S. e Meira, S. van E., 2015, p. 190)

A psicopatologia da dependência da internet é extremamente atual e vem crescendo em números alarmantes. A questão que precisamos cuidar é justamente a do equilíbrio e da "justa medida" nas relações das pessoas com a internet. É fundamental o equilíbrio entre a relação com a tecnologia e a atenção que damos para os chamados internos para a vida.

Diante desse cenário, não podemos deixar de refletir sobre a necessidade de "escutarmos" a voz interior. Perceber e validar as emoções, sentimentos, desejos, sonhos e fantasias é reconhecer e se apropriar da individualidade e aumentar o conhecimento sobre si mesmo, tornando-se, assim, protagonista da própria vida e menos vulnerável às influências e perigos do mundo externo. Da mesma maneira, reconhecer as dificuldades e atitudes de que não gostamos em nós mesmos é perceber o lado sombrio e frágil que todos nós possuímos e, então, poder abrir-se para a possibilidade de integração e transformação. Os conteúdos internos são importantes sinalizadores de nossa condição pessoal e muitas vezes nos direcionam a situações especiais e à busca de sentido. Os desejos orientam nossos caminhos durante o processo de individuação.

> Não é pouca coisa admitir seu desejo. Muitas pessoas precisam para isso de um esforço especial de sua lealdade. Muitos não querem saber onde está seu desejo, pois lhes pareceria impossível ou por demais doloroso. E apesar disso, o desejo é o caminho da vida. Se não te admites teu desejo, não segues a ti mesmo, mas trilhas caminhos estranhos, prescritos por outras pessoas. E assim não vives a tua vida, mas uma vida estranha. Viver a si mesmo significa: ser tarefa para si mesmo.
>
> (Jung, 2013, p. 169)

Na outra polaridade das relações excessivas e doentias de dependência das pessoas em relação à internet e a outras mídias digitais, encontramos um profundo mergulho em "si mesmo"; abrir-se à possibilidade de "dialogar" com as várias dimensões e fenômenos da psique. O melhor exemplo desse processo de conexão interna está descrito no *Liber Novus* e descreve a experiência profunda de C. G. Jung.

Liber Novus ou Livro Vermelho

> Os anos durante os quais me detive nessas imagens interiores constituíram a época mais importante da minha vida. Neles todas as coisas essenciais se decidiram. Foi então que tudo teve início e os detalhes posteriores foram apenas complementos e elucidações. Toda a minha atividade ulterior consistiu em elaborar o que jorrava do inconsciente naqueles anos e que inicialmente me inundara: era a matéria-prima para a obra de uma vida inteira.
>
> (Jung, 2013, p. 7)

O *Liber Novus*, ou Livro Vermelho (L.V.), veio a público em 2009, tornando-se uma referência com relação ao estudo empírico dos fenômenos inconscientes e do contato com o mundo interior do homem moderno retratado na figura de C. G. Jung.

O *Liber Novus* (L.V.) é fruto da experiência que C. G. Jung teve entre os anos de 1913 e 1930, em especial do "diálogo" com as emoções e imagens que emergiam do seu inconsciente. Naquela época Jung deixou-se "guiar" e inundar-se por essa demanda interior e, a partir dela, iniciou, como ele mesmo nominou, seu confronto com o inconsciente (Jung, 2010). Esses anos implicaram um processo de auto-experimento, aprofundamento e elaboração dessa experiência singular. Foi durante esse período que intuitivamente ele desenvolveu as técnicas expressivas e a imaginação ativa e também conceitos que foram retratados em toda a sua obra. Jung traduziu sua experiência em teoria. Para analistas como Stein, "seria muito rico o analista junguiano ao estudar as Obras Completas (OC) voltar-se até o L.V. e observar a formulação dos conceitos chaves junguianos, vividos e descritos ali empiricamente" (Stein, 2018). No L.V. é possível estudar a expressão máxima do modelo e processo psíquico na perspectiva da psicologia analítica.

> Jung tentou extrair das fantasias princípios psicológicos gerais, e compreender até que ponto os eventos descritos nas fantasias apresentavam, de forma simbólica, desenvolvimentos que iriam acontecer no mundo.
>
> (Shamdasani, 2012, p. 365)

O L.V. representa uma profunda conexão interna e o caminho individual que Jung vivenciou; foi por meio das fantasias, do impacto das imagens e do mergulho interior que ele teve a possibilidade de "chegar ao fundo no (seu) processo pessoal. Ele procurou traduzir as emoções em imagens e compreender as fantasias que estavam se agitando... subterraneamente" (Shamdasani, 2010, p. xi). Inspirado por essa experiência, Jung desenvolveu as pilastras fundamentais da sua abordagem na clínica. Constela-se, assim, uma nova situação, em que Jung "é o paciente, o método e o próprio terapeuta" (Boechat, 2014, p. 30).

O *Liber Novus (L.V.)* é a descrição de um projeto feito com Alma, nele pode-se testemunhar a notável autonomia de um trabalho de autoconhecimento. É composto de beleza e densidade, estimula a todos "*experi-vivenciarem*" o profundo em si mesmo. (Adamo & Mendes, 2019). Esse trabalho representou a experiência viva de Jung em relação aos mistérios da Alma e tornou-se a base de todo seu processo criativo posterior.

O grande interesse no L.V. em nosso momento atual é pelo exemplo que ele fornece de uma experiência de reparação de aspectos perdidos no distanciamento de si próprio e na busca por sentido. Portanto, o L.V. revela, através do testemunho vivo de Jung, uma possibilidade de equilibrar a dilaceração e o esvaziamento da alma em consequência das diversas demandas exteriores e reivindica o olhar para o encontro com o profundo em nós.

O mergulho nos textos e nas imagens plásticas que o livro convida a fazer e a percepção de um processo vivo acontecendo aguçou a nossa curiosidade e nos trouxe o tema e o exemplo da reconexão com o mundo interno.

RESGATE DA ALMA NO MUNDO CONTEMPORÂNEO

> Vossa alma sofre necessidade, pois em seu mundo pesa a cobiça (...) no turbilhão do caos mo-

> ram os eternos milagres (...) teu mundo começa a ficar maravilhoso. A pessoa não faz parte só de um mundo ordenado, mas pertence também ao mundo maravilhoso de sua alma, por isso precisareis incutir horror em vosso mundo ordenado a fim de que percais o gosto por estar demasiado fora. (...) Por isso sua alma passa por necessidade, precisa humilhar-se e correr ao quarto de todos os estranhos, para mendigar aquele reconhecimento que lhe nega.
> (Jung, 2013, p. 205)

Ir em busca do profundo é um desafio pós-moderno. O *Liber Novus (L.V.)* é um convite para esse paradoxo. De acordo com Jung, um espectro assombra sempre o tempo, seu nome é Espírito do Tempo. Ele pode influenciar a cultura, diagnosticar o mal-estar de nossa época e abordar o que todos precisam fazer para se recuperar (Mendes, 2019). No livro, Jung retrata a relação e o diálogo existente entre o "Espírito das Profundezas" versus o "Espírito da Época" ou "Espírito do Tempo", com conteúdos que emergem espontaneamente do inconsciente individual e coletivo.

> A "loucura doentia" se deve a uma possessão por parte do espírito da profundeza que obriga o homem a "falar em línguas" e lhe faz [...] acreditar que ele próprio é o espírito da profundeza. Mas há outra loucura doentia – pouco notada – que é a de quem nega o espírito da profundeza e torna-se a si mesmo pelo espírito dessa época. Por certo, em termos da teoria junguiana, a primeira é uma loucura produto da invasão do incons-

> ciente (...) e a segunda, uma loucura produto de uma identificação com os valores e princípios da cultura vigente. Esta última, no plano individual, supõe uma identificação com a persona, isto é, a constituição de uma personalidade. (...) Essa loucura é a de todos os homens que estão possuídos pela superficialidade desta época.
>
> (Nante, 2018, p. 113-114)

Quando nos desconectamos dos sinais do mundo psíquico e ficamos presos aos tais progressos tecnológicos, um conflito se instaura. As compulsões unilaterais e a desilusão, assaltam em fantasias e pensamentos mágicos. A procura de uma "fuga" é previsível. Será que realmente pode-se compensar essas sensações angustiantes no "mar flutuante da internet"?

O desprendimento da nossa época e a prevalência da *persona virtual* distanciam a pessoa do contato mais profundo com o "ser". Na tentativa de a Alma recalibrar a atuação com o mundo exterior, os recursos de elaboração servem de eixo importante para a experiência de assimilação, ressignificação e transformação da personalidade em conflito.

> (...) quem rompe o dique da palavra derruba Deuses e profana o tempo. O solitário é um assassino. Ele mata o povo, pois com isso pensa e quebra velhas muralhas sagradas. Ele chama para dentro os demônios do ilimitado. Ele fica sentado, recosta-se e não vê nem ouve o gemer da humanidade, tomado pela terrível embriaguez de fogo.
>
> (Jung, 2013, p. 224)

O analista, na condição de "guardião do processo de individuação" da Alma humana, vê na relação, no contato e no mergulho interior, uma tentativa de mudança e busca de equilíbrio entre o mundo interno e externo, diante da crescente e sedutora demanda da vida atual. O L.V. nos ensina que, ao aprofundar o autoconhecimento, ao procurar compreender e percorrer um profundo caminho individual, tem-se a sensação de renascimento e atinge-se um novo nível de entendimento, ação e significados para a vida.

Não é um processo fácil, pois viver a experiência dessa jornada solitária é uma tarefa árdua. Segundo afirmações do próprio Jung, o L.V. é o resultado do envolvimento mais profundo com a dimensão de um mundo interior, em contraponto com as demandas da pós-modernidade e com a adaptação social que gera uma sensação conflituosa e desloca o indivíduo para um mundo muitas vezes sem sentido (Jung, 2010). O conteúdo disso nos assola, pois o convite para o contato com as imagens que surgem da própria experiência e relação com os símbolos que emergem do inconsciente às vezes apresenta-se assustador, como alienação, ou mesmo como desconexão. Nessa situação é fundamental um ego bem estruturado, resiliente, ativo e "em relação" no processo de conscientização, elaboração e transformação (Shamdasani, 2012).

Parafraseando Jung, "o significado vivo vive apenas quando o experimentamos com e em nós mesmos" (Jung, 2010, p. 289). O L.V. inspira o mergulho nas próprias histórias e a possibilidade de aprofundamento nas experiências/vivências individuais e coletivas. Por esse motivo diversos grupos começaram a dedicar-se ao estudo e contemplação das imagens e conhecimentos presentes no livro. Merece destaque o trabalho dos autores junto a mais duas terapeutas junguianas, que formaram um grupo de estudo com a perspectiva de trabalharem a si próprios por meio das experiências vivenciadas no contato com o L.V. (Adamo, C.; Mendes, D.C.; Soares, M. N. e Sousa, M.V.; 2015). Essas vivências foram cruciais no despertar de nosso interesse para a pesquisa e realização desse trabalho. Na experiência do grupo com o livro, a entrega foi total e a chama interior foi o guia que formou e mostrou o caminho a ser seguido nos processos de construções pessoais, conexões internas e imaginação.

O L.V. é um desafio, pois se deixar conduzir pelos mistérios do inconsciente requer coragem.

> Verdadeiramente liquidei um soberbo inimigo meu, um maior e o mais forte forcei a ser meu amigo. Nada deve separar-me dele, o escuro. Se quero afastar-me dele, ele me segue como uma sombra. Mesmo que não pense nele, está a si mesmo sinistramente perto de mim. Ele se transforma em medo quando eu o renego.
>
> (Jung, 2013, p. 328)

Aqui, em especial, cabe uma observação importante: o processo de transformação só é possível quando a "Alma" é tocada. A experiência viva que se manifesta é da natureza curadora da psique, por isso, para Jung, o diálogo com as imagens interiores torna-se criativo, libertador e integrador.

> Ao me rebaixar, elevei-me como um outro. Ao me assumir dividi-me em dois, e ao me conciliar comigo mesmo tornei-me uma pequena parte do meu si-mesmo.
>
> (Jung, 2013, p. 203)

Assim, celebrar o caminho e o ritual que Jung fez é dar voz aos conteúdos psíquicos autônomos, num exercício de paciência e sabedoria, percebendo o valor autorregulador do inconsciente, presente na perspectiva junguiana. O L.V. evoca aspectos desconhecidos da personalidade e convida aquele que deseja engajar-se na jornada em busca da alma.

> A perda da alma equivale à perda dilacerante de parte da própria natureza; e a desaparição e a emancipação do complexo que, daí por diante, torna-se usurpador tirânico da consciência, oprimindo o homem como um todo. Atira o homem para fora do seu percurso e o induz a ações cuja a unilateralidade cega inevitavelmente conduz à autodestruição.
>
> (Jung, 2011e, p.220; OC 6: 433)

A questão fundamental e essencial é o cuidado com o equilíbrio e a "justa medida" na relação das pessoas com a tecnologia. Ela não pode substituir a conexão com o mundo habitual nem consigo mesmo: os desejos, motivações e desafios pessoais, não podem ser sucumbidos pela *persona virtual*. A crise contemporânea corresponde ao chamado do

Self maior, e talvez seja urgente e necessário encontrar um ponto de equilíbrio e bom senso nas escolhas de atividades variadas, por meio do uso moderado e consciente dos recursos da informática. Torna-se evidente a importância da "justa medida" entre a relação com a tecnologia e a atenção que damos para os chamados da vida, para os encontros presenciais e para o nosso mundo interior.

Nossos pensamentos, sentimentos, emoções, imagens internas e fantasias nos possibilitam um outro tipo de conexão, a conexão a um mundo cheio de imaginação, de criatividade, que acessa uma força geradora para a vida e nos leva a encontrar um sentido maior, um novo significado nos acontecimentos e "na rede" de nossa vivência real.

A tensão gerada entre o conflito existente entre a realidade e o mundo virtual nos colocam em novas possibilidades e caminhos a serem trilhados, nos guiam por terrenos áridos, nebulosos e nos motivam a dar sempre o próximo passo, rumo à uma nova etapa de um ciclo pessoal que tende a surgir. E nesse mundo a Alma pode e deve se revelar...

> Caminhos são abertos para o passado remoto e para o futuro vindouro. Prodígios estão próximos e terríveis segredos. Eu sinto as coisas que foram e que serão. Atrás do trivial entreabrem-se abismos eternos.
>
> (Jung, 2010, p. 328)

E o analista jamais deve abster-se de acompanhar essa jornada...

Referências

Abreu, C. N.: Gôes, D. S. e Meira, S. van E. (2015). Dependência de internet *in* [Tavares, H. et al., (2015). *Psiquiatria, Saúde Mental e a Clínica da Impulsividade.*] Manole: Barueri, São Paulo.

Adamo, A. C., Mendes, D. C., Soares, M. N. de T. e Sousa, M. V. (2015). *ExperiVivência: processo de transformação através do Livro Vermelho* (p. 31-34) *in*: [*Anais do VII Congresso Latino-Americano de Psicologia Junguiana: conflicto y creatividad, puentes y fronteras arquetípicas.* Valdez, N. et. al. González, C. C.] Buenos Aires: BMPress.

Associação Americana de Psiquiatria. (2014). *Manual Diagnóstico e Estatístico de Transtornos Mentais* (5 ed.): Porto Alegre: Artmed.

Barton, R. (2016). *Distopia e o pesadelo de Phomethean* pp. 5-18 In Demerjian, L. et. al., *The Age of Dystopia: One Genre, Our Fears and Our Future.* UK. Cambridge Scholars Publishing.

Marcatti, E. F. A. (2019). *A infância conectada na vida real* pp.102-140 In Bonini, L. e Maia, D. *Pais!!! Onde foi que acertei? Uma conversa entre psicólogas e pais. Vol. 1.* São Paulo: Sattva.

Jung, C. G. (2010). *O Livro Vermelho.* Petrópolis: Vozes.

Jung, C. G. (2013). *O Livro Vermelho.* Edição sem Ilustrações. Petrópolis: Vozes.

Jung, C. G. (2011a). *Aspectos do Drama Contemporâneo.* In Obras Completas (Vol. X/2) Petropolis: Vozes. (Obra original publicada em 1946).

Jung, C. G. (2011b). *Civilização em transição.* In Obras

Completas (Vol. X/3). Petrópolis: Vozes. (Obra original publicada em 1958)

Jung, C.G. (2011c). *Presente e Futuro.* In Obras Completas. (Vol. X/1). Petrópolis: Vozes. (Obra original publicada em 1957)

Jung, C.G. (2011d). *Tipos Psicológicos.* In Obras Completas. (Vol. VI). Petrópolis: Vozes. (Obra original publicada em 1921)

Mendes, D. C. (2019). *O Livro Vermelho de C. G. Jung no trabalho clínico do analista junguiano na America Latina.* (Dissertação de Mestrado). São Paulo: PUCSP.

Nante, B. (2018). *O Livro Vermelho de Jung: Chaves para a compreensão de uma obra inexplícavel.* Petrópolis-RJ: Vozes.

Shamdasani, S. (2012). *After Liber Novus.* (p.363-377) in: *[The Journal of Analytical Psychology, vol. 57, n°3/6.* Oxford, UK].

Spritzer, D. T., Picon, F. A., Breda, V. C. T. (2015). Dependência de internet *in* [Tavares, H. et al., (2015). *Psiquiatria, Saúde Mental e a Clínica da Impulsividade.*] Manole: Barueri, São Paulo.

Stein, M. (2011). *What is the Red Book for analytical psychology?* (p.590-606) in: [*The Journal of Analytical Psychology, vol. 56, n°5/11.* Oxford, UK].

______, (2010). *Carl Jung´s Red Book. in: [Live From Zurich Series (2 DVDs). Ashville Jung Center.* Carolina do Norte, USA].

______, (2018). *Mystery: Murray Stein in conversation with Peter Kingsley about Jung's "Red Book".* Zurique, Sui. Acesso vídeo youtube.com em maio 2019. https://www.youtube.com/watch?v=uWaeqeIi82g

Capítulo 9

UM CAMINHO DE BUSCA DO NUMINOSO

Paula Perrone

> *A meditação é a aplicação da alma a tudo que evoca uma imagem: olhando, cheirando, saboreando e especialmente amando. É o sentido interior.*
> (Bonaventure[1], L. comunicação pessoal, 2019)

Vivemos um tempo em que o desenvolvimento cada vez mais acelerado da técnica atingiu tal ponto que dificulta e até ameaça impedir o contato do homem consigo mesmo. Na vida diária a técnica acarreta quase a regência do tempo. Hoje temos a presença obrigatória de uma tela eletrônica em nosso cotidiano e a consequente prática de ficar diante dela por um tempo prolongado. O computador chegou há três décadas e meia; o telefone celular, que vem dirigindo nossa comunicação, há menos de trinta anos. Esses produtos tecnológicos da "era da informática" foram invadindo a vida humana de modo acentuado e crescente, causando forte interferência na relação com o tempo e com os critérios

1. Definição de meditação do século XV na Europa.

de como ele é empregado. Para além da questão do tempo cronológico, surge em nossos dias um significado novo e sinistro desse fenômeno: a ligação com a tela eletrônica extrapola o sentido do que até recentemente se considerava como avanço técnico; ela já faz parte do homem, é praticamente uma prótese mental.

Ter momentos prolongados de silêncio consigo mesmo, com o propósito de interiorização, já era uma grande falta enquanto condição essencial ao equilíbrio e bem-estar desde o surgimento da dita sociedade pós-industrial, construída a partir dos destroços da segunda guerra mundial, conforme Lyotard (1979) caracteriza essa época. A necessidade de buscar o desenvolvimento interior se mostra mais essencial à medida em que vivemos o anúncio do final dos tempos pela destruição do meio ambiente e a ameaça agravada da tecnologia atômica adquirida por parte dos países que nem sequer participam dos acordos internacionais.

Nunca o ser humano precisou tanto do silêncio para poder pensar-se enquanto ser, rever seu rumo ou buscar respostas em torno do sentido da vida - questões que Jung já anunciou como de importância crescente na primeira metade do século XX - quanto precisa no momento atual, sem dúvida marcado por uma mudança profunda. Como os aparelhos eletrônicos se acoplaram ao homem num verdadeiro amalgamento, uma vez que o homem e a máquina estão se fundindo, o silêncio de si mesmo é muito mais necessário e o meio privilegiado de fazer isso é ter uma vida espiritual.

Este estudo se volta para a busca que leva ao encontro com o sagrado por meio do relato de um trabalho espiritual em desenvolvimento e o relaciona com a psicologia analítica. Na primeira das Terry Lectures, em 1937, Jung (1988) diz:

> Ao magnífico desenvolvimento científico e técnico de nossa época, correspondeu uma assustadora carência de sabedoria e de introspecção. É verdade que nossas doutrinas religiosas falam de uma alma imortal, mas são muito poucas as palavras amáveis que dirige à psique humana real; esta iria diretamente para a perdição eterna se não houvesse uma intervenção especial da graça divina. Estes importantes fatores são responsáveis em grande medida – embora não de forma exclusiva -, pela subestima generalizada da psique humana. (p. 12-13, OC XI/1:28)

A psicologia junguiana tematiza a unilateralidade racionalista do homem moderno depois do Iluminismo e discute seu preconceito em reconhecer a importância do inconsciente numa pretensão de ser a ciência o único meio adequado de apreensão do mundo, visão de onde advém a fragmentação psíquica.

O Caminho, a psicologia analítica e a função religiosa

Em 1928 Richard Wilhelm (Jung e Wilhelm, 1992), teólogo especialista em estudos chineses, envia a Jung o antigo tratado taoísta chinês *O segredo da flor de ouro*, para que elabore um comentário do ponto de vista de um europeu. Jung vê que os requisitos para ingressar no Caminho dos orientais são os mesmos requeridos para buscar o processo de individuação que ele propõe. Verifica que, sem saber, por meio da técnica desenvolvida no seu trabalho como psiquiatra e psicoterapeuta "(...) ia seguindo inconscientemente o caminho secreto que há milênios preocupara os melhores espíritos do Oriente" (Jung e Wilhelm, 1992, p. 27-28). Justifica esse fato pela comunidade inconsciente entre todos os seres humanos, que "ultrapassa todas as diferenças de cultura e de consciência, . . . o *inconsciente coletivo* . . . não consiste apenas de conteúdos aptos a se tornarem conscientes, mas de predisposições latentes e de reações idênticas" (Jung e Wilhelm, 1992, p. 28).

Ao tecer algumas aproximações entre a meditação de origem hinduísta como prática espiritual e o desenvolvimento psíquico conforme a abordagem junguiana, procuramos sublinhar que, apesar de suas origens aparentemente tão distantes no tempo e no espaço e a imensa diferença do ponto de vista histórico-cultural, "seu conteúdo representa um paralelo vivo" (Jung, 1992, p. 28) com o que ocorre no processo dos pacientes europeus de Jung, ou seja, o desenvolvimento da alma e o crescimento espiritual não estão separados e são processos da interioridade de todo ser humano.

> (...) as vivências e os acontecimentos do Caminho são os mesmos . . . há o que dizer a respeito dos estados anímicos que acompanham, em seu decurso, o processo de desenvolvimento. Tais estados se exprimem *simbolicamente* em nosso

> texto (o tratado chinês); e esses símbolos são os mesmos que se tornaram tão familiares através de minha prática clínica.
> (Jung e Wilhelm, 1992, p. 35). [parênteses meus]

As ocorrências internas experimentadas na meditação estão presentes no processo de individuação que Jung elaborou e que, quando são compreendidas pela consciência, se tornam uma experiência religiosa. Jung teoriza o processo de busca do caminho para atingir o encontro com o Si-mesmo. O desenvolvimento da alma passa pelo reconhecimento dos núcleos afetivos, a fim de torná-los conscientes e nos leva ao que Jung (1992) chamou de *sacrifício*, pois a natureza humana repele a autoconsciência. O processo de autoconhecimento é por ele considerado um *opus contra naturam*[2]. Para ser trilhado é preciso intenção, decisão moral, integridade e fé no processo, pois o que parece mais difícil é o sacrifício de se abrir para a consciência, já que o eu é um processo defensivo, reativo, que falseia o vivido.

> O namoro estético e intelectual com a vida termina abruptamente aqui. O passo que conduz a uma consciência mais alta deixa-nos sem qualquer segurança, com a retaguarda desguarnecida. O indivíduo deve entregar-se ao Caminho com toda a sua energia, pois só mediante sua integridade poderá prosseguir e só ela será uma garantia de que tal caminho não se torne uma aventura absurda (Jung e Wilhelm, 1992, p. 35).

2. Vista por outro ângulo a expressão *opus contra naturam* encerra certo paradoxo porque queremos justamente recobrar a natureza, ou seja, acreditamos nela.

O homem se tornou ideológico e perdeu o paraíso e a natureza. O eu é uma "mentiração" ideológica que se pretende diferente do que é; então projeta e cria sua mentira no mundo. Não é fácil para o ser humano, de natureza desnaturada, preguiçosa e com dificuldade de encarar o inconsciente, renunciar à supremacia do eu em nome de uma nova visão. É preciso vencer o habitante inimigo de nossa casa interna - nós mesmos nos julgamos - por meio da abertura aos aspectos até então inconscientes com que cada um se defronta ao longo do caminho, num exercício de autoconcentração.

Jung (1988) traz a experiência religiosa para o campo da psicologia analítica, isto é, para o campo das relações da consciência com o inconsciente, por meio do alargamento da consciência de si no mundo, de forma congruente com o que afirma Reisdorfer (2009). "Poderíamos, portanto, dizer que o termo 'religião' designa a atitude de uma consciência transformada pela experiência do numinoso" (Jung, 1988, p. 4, OC XI/1:9). A numinosidade, a experiência com o sagrado é, para a psicologia analítica, fator de transformação da personalidade.

Pela diferenciação e metabolização do que é próprio de si o eixo de convergência se constrói e conquistamos o sentido de humanidade. As projeções geram falta de compreensão entre as pessoas e, com isso, comprometem o amor entre elas. Essa etapa demanda recolher aquilo que atribuímos ao outro e que de fato é nosso, discriminar entre o que está dentro de nós e o que pertence ao mundo à nossa volta.

Como o Si-mesmo promove o relacionamento com o âmbito originário, a experiência do ser se dá para além da representação do eu, instância limitada que não lida com a profundidade, pois o inconsciente é irrepresentável. Há um salto quântico entre a ideia e a experiência de ser. A experiência aqui mencionada só se dá por um ato de coragem que, no dizer de Goethe (1986), contém genialidade, poder e magia. Torna-se uma nova ordem de conhecimento e fica possível a retirada das projeções uma vez que saímos do plano do pensamento para fixar a atenção na sensação e no sentimento; diminui a força da representação. O ser é sagrado; nós somos sagrados. O ser é acessado em sua dimensão poética.

Outro elemento comum é a coragem. Ela nos põe no fluxo *wu-wei*. A percepção da ocorrência do processo de mudança encerra a arte contida na ideia taoísta *wu-wei*, que Mestre Eckhart (2008, apud Jung e Wilhelm, 1992, p. 33) chamou *a ação da não-ação*, tida por Jung (1992) como a chave que abre a entrada no caminho. *Wu-wei* se manifestaria como a imagem do indivíduo que encontra a corrente dos eventos, o fluxo, e então se lança nela. Há um grande movimento na não-ação, isto é, a espera do momento oportuno, permitir que outra instância tome as rédeas do ser. Essa conquista perpassa a individuação, uma vez praticada a coragem de se lançar no processo, e com ela se estrutura a singularidade. São estados de sutileza obtidos pelo refinamento da alma que o trabalho interno tece em nós.

O crescimento interno se faz por esforços continuados, nunca por um grande gesto. O equilíbrio no plano psíquico é obtido pouco a pouco, a cada passo do novo percurso. Também no plano espiritual há uma busca que não se dá a curto prazo. Para o desenvolvimento de ambos nos devotamos ao exercício frequente, com o coração reto, numa prática permanente, de cunho introvertido. Os instantes de mergulho na profundidade do inconsciente, a comunhão com a transcendência, carregam a psique de energia pela numinosidade do arquétipo do Si-mesmo.

A meditação e o numinoso

Meditação é o exercício do silêncio. É estar no aqui e no agora ou em busca disso. O atulhamento de assuntos da vida contemporânea leva à dispersão, quando o trabalho de meditação pertence ao plano da experiência. Busca-se a entrega interior, embora sem passividade. Procura-se suspender os conteúdos presentes do cotidiano, não dar continuidade a eles, ao ruído de palavras que só cessa com propósito firme, aos nossos hábitos, num estado de recolhimento em direção à profundidade do ser.

O plano espiritual e o psíquico não são separados. A partir de certa etapa o crescimento interno alcança um nível espiritual, uma abertura para a integração psíquica e para a conexão com o sagrado. Também o desenvolvimento do sistema de *chakras*, eixo da meditação, auxilia o arrefecimento das emoções.

A prática regular da meditação leva ao abrandamento da falação interior, meta que possibilita uma progressiva elevação de consciência. O aprendizado gradativo de aceitação do estado interno e sua digestão, o aprendizado de acolhimento dos afetos presentes, é um processo precioso que se aprofunda a cada novo exercício. Aos poucos permite ao indivíduo operar de modo efetivo seu estado interno e traz para o repertório individual a criação de calma e propósito. Na introdução ao seu Comentário ao Segredo da flor de ouro, Jung descreve esse apaziguamento:

> Algum interesse mais alto e mais amplo apareceu no horizonte, fazendo com que o problema insolúvel perdesse a urgência. Não foi reprimido, nem submergiu no inconsciente, mas simplesmente apareceu sob nova luz, tornando-se outro . . . parecia agora uma tempestade no vale, vista do cume de uma elevada montanha. Com isto, a tempestade não é privada de sua realidade, mas, ao invés de se estar nela, se está acima dela.
>
> (Jung e Wilhelm, 1992, p. 31)

Durante a meditação nos conectamos com o sagrado e retomamos a verdadeira relação com a vida. Nesse patamar de consciência o campo associativo dos complexos é como que consumido no *chakra* básico, purificado pela energia espiritual. Nesse *chakra* deve permanecer a atenção, permitindo o *grounding*. Assim retomamos o sagrado em nós. A questão não é alcançar algo que ainda não conhecemos ou ser o que não somos, mas "caber em nós o que somos" (Carvalho, comunicação pessoal, 2019). Ao mesmo tempo, meditar não é fazer, mas se abrir ao novo saber, para criar um espaço de presença em que o plano espiritual possa habitar: permanecer num estado de atenção desperta e de intenção forte, discreta e leve. Agoridade.

O trabalho de meditação é como o movimento do rio de volta à nascente, ou seja, um movimento em direção ao sentido originário. É ficar, completamente calmo, neutro, à espera da Presença, que é atenção, a consciência que se desprende de seus produtos. Em chinês espírito equivale a presença e a atenção. "A atenção é a força consciente, a força da consciência. Ela é uma força divina" (Salzmann, 2015, p. 222). A autora enfatiza a preciosidade dessa função difícil de ser exercida e que, quando praticada, abre uma possibilidade psíquica e espiritual imensa, daí sua natureza sagrada.

Ao mesmo tempo o pensamento deve estar não focado, mas aberto, para receber o que o exercício trouxer. Se fôssemos dar um nome para a presença que se instaura em nós durante o exercício espiritual seria amor porque o cosmos é amor, é vontade de ser. O universo é a unidade de amor, fé e esperança fundidos, que no catolicismo corresponde ao Espírito Santo. A busca de conexão espiritual está ligada à compreensão, no sentido de estar junto com o universo, de se ser o que se quer compreender, que é um fenômeno amoroso (Carvalho, comunicação pessoal, 2019).

O trabalho diário de sentar-se para meditar com tranquilidade, sem interrupção, traz frutos genuínos. Dentre eles, permite nos livrarmos da preguiça - primeira grande questão a ser enfrentada - e também da distração (Jung e

Wilhelm, 1992, p. 115). Segundo o tratado chinês, a distração vem da errância do espírito, que tem a tendência a se dispersar pelos conteúdos que nos ocupam. A preguiça é a obscuridade: traz sonolência, impede a concentração, consome a alma, e é bem difícil de ser combatida, mais que a distração. A preguiça revela que o espírito ainda não está puro. Vislumbrar, dar-se conta e reconhecer a presença da própria distração e preguiça permitem, com o tempo, vencê-las em grande parte.

Quando acontece o apaziguamento dos afetos é como se o mundo interno se unisse numa só direção para atingir a Unidade, já que tal fusão é amor. A busca pelo contato com o numinoso no exercício de meditação se dá num sentido de convergência. O silêncio dos afetos dá mundo à consciência, aos sentimentos, libertando-nos da fixação de si enquanto pessoa, da representação de si.

Um dos aspectos importantes do exercício é apagar o comentador. Isso não deve ser feito com dureza, mas com neutralidade. O comentador em nós é aquele que nos prende a nós, a partir do que supomos ser o olhar do outro. Sem capacidade de reflexão, o ego quer ser admirado e nos conduz à imersão num mundo de interpretações e julgamentos, nossos e do outro ou do mundo. Liberados do comentador, começamos a entrar no terreno da delícia, porque a natureza agradece quando abrimo-nos para o trabalho espiritual. Sair da casa interna pelo condicionamento dos hábitos e afetos e voltar a ela é voltar a esse lugar da Graça, de onde viemos e que reencontramos com essa prática.

A conquista desse espaço interno, assim como da postura corporal e de um corpo energético[3] (Carvalho, comunicação pessoal, 2019), pede do exercício espiritual constância, humildade, atitude de contemplação. Alguns princípios ou requisitos taoístas presentes na arte do tai-chi chuan se aplicam à prática da meditação e inspiram sua compreensão. É uma atitude a ser conquistada que une o mundo interno e o corpo: sincero, solto, quieto, vazio, nada. Ou ainda: centrado e, se centrado, solto; alinhado e, se alinhado, ágil; confortável e, se confortável, redondo; espontâneo e, se espontâneo, vivo[4].

O eixo vertical sensação/intuição diz respeito ao aterramento, à respiração e ao espírito, o céu, fogo que não tem forma conectado pela intuição, como se por ela se fizesse a conexão espiritual[5].

Meditar exige perseverança. Mais do que vontade, é preciso ter fé. Quando Jesus diz: *Procura e encontrarás! Bate e a porta se abrirá! Pede e receberás!* (Carvalho, comunicação pessoal, 2019), parece estar se referindo à necessidade de clareza da vontade[6], que procede de uma instância sélfica. O estado elevado de consciência a que o exercício conduz não diz respeito à consciência no plano do ego, mas à consciência trabalhada pelo cuidado religioso da prática continuada, atenta e conectada com o ser, que a meditação exige.

---

3. Às vezes o corpo expressa um incômodo, provável ponto sede de um complexo, desconforto que deve ser acolhido.
4. Depoimento do mestre de meditação Carlos Carvalho.
5. Idem.
6. Idem. Referência às palavras de Cristo.

Na meditação praticamos a escuta do Ser. Para isto é preciso delicadeza, bater nessa porta com suavidade e intenção, para que ela se abra.

Referências

Eckhart, M. (2008) *Sermões Alemães*. Sermões de 61 a 105. Vol. 2. Petrópolis: Vozes.

Goethe, J.W. (1986). *Memórias: Poesia e Verdade*. Brasília: Editora da Universidade de Brasília /HUCITEC.

Jung, C. G. (1988). *Psicologia e religião. Obras Completas (Vol. XI.)* Petrópolis: Vozes. (Trabalho original publicado em 1937).

Jung, C. G. e Wilhelm, R. (1992). *O segredo da flor de ouro: um livro de vida chinês*. Petrópolis: Vozes.

Lyotard, J-F. (1979). *A condição pós-moderna*. São Paulo: José Olympio.

Reisdorfer, U. (2009). *Ciência, estética e mística*. Tese de doutorado, UNICAMP.

Salzmann, J. (2015). *A realidade do ser: o quarto caminho de Gurdjieff*. São Paulo: Horus.

Capítulo 10

DORES E SABORES DOS ADOLESCENTES COM O AVANÇO DA TECNOLOGIA

Claudia Romcy

Introdução

O uso demasiado da tecnologia, em especial das mídias sociais, é um assunto que percorre os consultórios de Psicologia, haja vista que tal prática pede cuidados e atenção.

Ao buscarmos a compreensão sobre o fato de que o advento da tecnologia se deu antes do nascimento dos jovens, já trazendo conflitos e diferenças para a geração dos seus pais, sentimos a necessidade de um aprofundamento no tema.

No que concerne às crianças nascidas já em contato com os *tablets* e *smartphones*, são por estes influenciadas e, por conseguinte, estabelecem uma nova ligação com o outro.

O mundo virtual, por ser reconhecidamente um espaço de conhecimentos, abertura de canais de comunicação para os jovens, tornou-se elemento indispensável ao universo deles. Contudo, é precisamente diante dessas possibilidades que surge a urgente necessidade de orientarmos os jovens a evitarem os riscos envolvidos no uso excessivo da tecnologia e das mídias sociais.

Casos clínicos

Visando a ilustrar tal questão, apresento neste estudo o relato do caso clínico de uma jovem de 13 (treze anos) que sofreu dor e angústia ao ser exposta inadequadamente nas redes sociais.

A queixa inicial relatada pelos pais foi o susto que tiveram quando encontraram a filha sentada na janela do apartamento, olhando para baixo. O pai reagiu à situação brigando com a jovem e, a mãe, com receio de sua filha se suicidar. Durante o atendimento analítico, foi realizada uma orientação aos pais da paciente.

A mãe explicou-me que houve um evento desagradável na escola em que a filha estuda: ela foi filmada beijando um menino. A questão é que esse vídeo foi publicado – sem se saber a autoria da postagem – em uma plataforma de beijos, tendo sido visto por várias pessoas, inclusive pelo coordenador da escola. Este convocou os pais da aluna para poder comunicar o ocorrido.

Assim, o contato da jovem com as redes sociais tomou grande proporção em sua vida familiar e, diante da visível decepção de seus pais, a menina deprimiu. Para agravar a situação, após um mês da ocorrência, uma foto foi tirada com uma amiga no quarto da paciente, trajando apenas top para cobrir os seios; a amiga postou a imagem em uma rede social sem, contudo, comunicar à paciente.

Ela relatou: "Não era para postar, mas a gente sente essa vontade sim, e é apenas uma foto, nada demais".

Essa imagem postada foi vista pela mãe de uma das amigas da paciente, que a encaminhou para o grupo de mães da escola, provocando grande repercussão – fato que corroborou a preocupação dos pais da paciente em relação à autoimagem e à exposição da filha.

O pai passou, então, a monitorar o celular da filha e teve a impressão de que uma das amigas da paciente estava "cantando a jovem" pelo WhatsApp. Ele, como medida extrema, proibiu a filha de usar qualquer rede social, atitude que afastou a jovem de todos os seus amigos.

A paciente, de 13 anos, é pertencente à Geração i, visto que os indivíduos nascidos a partir de 1995 são assim classificados. De acordo com Twenge:

> A tecnologia não é o único fator novo que molda a chamada *iGen,* ou Geração i, em que o "i" representa o individualismo marcante de seus membros, uma ampla tendência que norteia seu senso inabalável de igualdade, assim como sua rejeição às regras sociais tradicionais.
>
> (Twenge, 2018, p. 16)

O autor complementa:

> Devido à influência da tecnologia, essa Geração i é distinta de todas as gerações anteriores em relação a como seus membros despendem o tempo, como se comportam em seus posicionamentos quanto a religião, sexualidade e política. Eles socializam de maneiras completamente inéditas, rejeitam tabus sociais outrora sagrados e querem coisas diferentes em suas vidas e carreiras. (Twenge, 2018, p. 16).

Assim, impedida de se socializar com os demais por meio das redes sociais, o choro e o lamento da adolescente foram, durante dois meses, as formas encontradas para expressar a sua dor emocional.

Sugeri-lhe a utilização de lápis ou de pincéis para desenhar. Nesse enquadre da Arteterapia, a paciente iniciou o desenho e começou a cantar, de modo baixinho, a música chamada *Hello*, da cantora britânica Adele. Eu, impactada pela doçura e pela força daquele timbre, incentivei-a a soltar a voz; a paciente encheu o consultório com o som de sua voz, tal como se estivesse cantando em um *show* e, assim, mergulhou em seu desenho.

A paciente havia desenhado o Coelho da história Alice no País das Maravilhas. Perguntei-lhe se ela tinha noção de possuir uma bela voz; ela disse que sim, que havia feito curso. Relatou, ainda, que seu pai havia dito que, para levar a música a sério, seria fundamental ela aprender também a tocar algum instrumento e, por essa razão, tirou-a do curso de canto; a intenção do pai era mostrar para a filha que ela não faria sucesso se não tocasse algum instrumento também. No entanto, a paciente tem interesse apenas em cantar.

Questionei-a sobre a representação do Coelho da história de Alice na vida dela. Ao que ela afirmou gostar do Coelho por ele conduzir Alice para diferentes lugares. Falamos acerca do fato de sua mãe reclamar de ela ser uma jovem bastante influenciável – levada pelo Coelho, no caso, os amigos – e fazer tudo o que eles lhe sugerem, sem nem mesmo medir as consequências dos atos.

A paciente afirmou não concordar com sua mãe; a garota se considera curiosa assim como a Alice e, embora precise ter cuidados, sente que é injustamente julgada, tal como Alice. A jovem relatou que seu pai é tão autoritário quanto a Rainha de Copas. Declarou se sentir triste, por ser vigiada pelos pais como se fosse totalmente irresponsável; acrescentou que tira boas notas no colégio para poder satisfazer os pais e deixá-los felizes: "Parece que nunca está bom para os meus pais, eles sempre têm algo para acrescentar".

Perguntei-lhe sobre o significado da letra da música *Hello*, da cantora Adele. Ela respondeu: "Eu gostaria de gritar para ser ouvida, pois ninguém me escuta".

Após um mês de análise, ela afirmou: "Me senti tão excluída com os gritos do meu pai quando a minha amiga postou a nossa foto de *top*, que tive vontade de morrer". Questionei-lhe se ela, de fato, teve vontade de morrer ou de se matar.

Ela relatou sentir medo de se matar, mas que, naquele dia, sentia-se muito sozinha e, quando cortou sua própria coxa, queria mesmo morrer. A paciente mostrou-me sua coxa e confidenciou que, caso seus pais ficassem sabendo do corte, a situação toda ficaria pior. Acolhi aquela dor e acordamos que eu alinharia alguns pontos com seus pais.

Tive a oportunidade de dar uma devolutiva aos pais sobre o processo terapêutico da jovem. O pai se identificou com vários sentimentos apresentados pela filha e, em um determinado momento disse: "Eu entendo o que minha filha está sentido, pois também sentia sozinho quando jovem".

Ouvi os pais, mostrei-lhes a importância de, nesse momento, não potencializarem os aspectos negativos apresentados pela filha, mas sim valorizarem as suas qualidades, pois desse modo, aos poucos, ela conseguiria resgatar a segurança interna e a confiança básica, haja vista que o reconhecimento dos pais é algo de extremo valor para um adolescente.

Quebrei o sigilo e relatei-lhes sobre o corte na coxa da paciente, representação de um ato de alívio da dor emocional, mas, também, um pedido de socorro por parte da filha, que naquele momento, estava em risco. A princípio, eles se mostraram assustados, mas logo sentiram-se amparados.

No final dessa sessão com os pais, a mãe olhou para o marido como se lhe pedisse permissão para falar algo e disse: "Nós instalamos uma câmera no quarto da nossa filha". Nesse instante, fez-se um silêncio. Eu, impactada com aquela atitude, indaguei sobre a finalidade da câmera e se a paciente efetivamente sabia que ela estava sendo filmada. Eles responderam justificando que aquilo fazia parte do acordo de monitoramento das redes sociais, as quais a jovem não deveria utilizar enquanto não reconquistasse a confiança deles.

Pedi aos pais da garota que se recordassem dos seus momentos de privacidade quando eram jovens. O pai falou: "Eu gostava dos meus segredos." Solicitei-lhe um exemplo e, meio sem graça, ele disse: "Ah, sei lá, gostava de me masturbar sozinho na minha cama".

Dialogamos, então, sobre a construção da individualidade e a necessidade de privacidade para a conquista da confiança interna e externa. Apontei o quão ambíguas eram as informações que eles passavam à filha, pois, além de julgá-la sem filtros, eles invadiram o seu espaço mais íntimo, isto é, o seu quarto. Refletimos conjuntamente e eles puderam perceber que a câmera representava um demasiado controle sobre a filha, acarretando como consequência mais distanciamento e aprisionamento. Sutilmente, solicitei-lhes que retirassem a câmera do quarto da jovem.

Na sessão seguinte, a paciente esboçou um sorriso: "Meus pais tiraram a câmera do meu quarto". Questionei-a o porquê de ela não ter mencionado antes a questão da câmera, já que considerava isso importante; ela afirmou aceitar as decisões dos pais para, assim, evitar brigas, já que, sob a ótica deles, ela nunca estava correta.

Confidenciou que, quando os pais instalaram a câmera em seu quarto, chorou muito e, ao se sentir filmada, acabou por colar um papel na entrada da lente da câmera. Ao perguntar sobre a reação dos pais acerca desse ato, ela respondeu: "apenas a minha mãe soube, mas omitiu esta informação do meu pai, para evitar discussões."

A paciente percebeu-se menos privilegiada frente aos amigos, visto que eles se comunicam entre si e têm a devida autorização dos pais para utilizarem as redes sociais. Percebi haver na garota um fortalecimento da sensação de não merecimento para o uso das redes sociais, bem como o sentimento de raiva, por se sentir considerada irresponsável e mais imatura do que seus colegas de mesma idade.

Pedi-lhe para fazer o exercício de se colocar no lugar de seus pais, que aprenderam a ter um contato diferente com a tecnologia, uma relação que é diversa da dela. A jovem começou a entender melhor a si mesma e aos pais. Concordamos com os benefícios oriundos do avanço da tecnologia e também sobre o fato de que ela havia nascido já na era do smartphone.

Acerca das diferentes relações estabelecidas com a tecnologia, Twenge salienta:

> É contraproducente ficar batendo boca sobre quem culpar, em vez de entender as tendências, tanto as boas quanto as más. Qualquer mudança cultural tem também muitas causas - além dos pais, a tecnologia, a mídia, os negó-

> cios e a educação atuam em conjunto, gerando toda uma cultura radicalmente diferente daquela vivenciada por nossos pais e avós. Portanto, isso não é culpa de alguém em particular nem de todo mundo. O ponto fundamental é que as culturas mudam, e as gerações mudam com elas. Não se trata de um concurso para eleger qual geração é pior ou melhor; a cultura mudou, e todos nós estamos juntos nisso. (Twenge, 2018, p. 30)

Em outra sessão, a paciente relatou que havia beijado uma amiga em uma festa, mas que aquilo não significava que ela fosse homossexual, nem para ela, nem para os seus amigos.

O fato que incomodou a paciente foi que, nessa festa, após elas terem se beijado, a amiga pediu permissão a ela para beijar um menino, o qual a paciente já havia beijado em ocasiões anteriores. Relatou não considerar um problema a amiga beijar esse menino e, por isso, deu-lhe sua permissão. A jovem afirmou ser melhor beijar a quem se tem vontade do que se envolver com amor; no entanto, ela percebia-se com baixa autoestima.

Também podemos refletir sobre a atual frouxidão dos vínculos, situação em que se valoriza mais o prazer imediato e o vale-tudo nas relações do que o respeito e o amor ao outro. Permanece a questão de o quanto as redes sociais influenciam na formação desse comportamento social e dificultam, assim, o estabelecimento de vínculos.

Para a paciente, envolver-se com amor nas relações só traz sofrimento, portanto, ela afirmou que prefere viver em paz - o que interpretei como não ter de despender esforços na construção dos relacionamentos e dos laços afetivos.

A existência, em São Paulo, de uma plataforma que publiciza fotos e vídeos de jovens se beijando vulgariza esse ato tão íntimo de individualidade do casal. A banalização da intimidade parece ser elemento protetor frente às possíveis dores advindas de um relacionamento amoroso; assim, apenas o prazer é valorizado.

Dunker (2017) aborda a reinvenção da intimidade e ressalta o quão fundamental é a relação com o outro e o sofrimento que surge das expectativas de felicidade, tanto nossas quanto do outro. Temos, portanto, uma versão pobre do que vem a ser felicidade, e justamente isso invalida a relação decisiva de estar e trocar com o outro. Ser feliz parece estar relacionado à ilusão de algo individualizado, ou simplesmente aos parâmetros de posse e uso.

Como psicóloga, sempre encontro no consultório pais especializados em suas profissões, na intenção de proporcionarem o melhor aos seus filhos. E o que será que está faltando para esses filhos? Será que a maioria dos pais também se sente envolvida com o hedonismo, onde as mídias sociais – que mostram a todos a vida com suas experiências e conquistas maravilhosas, imbuídas de perfeição – são significados de felicidade?

O que se vê nas redes sociais é a valorização do agora, tal como se a vida fosse acabar no próximo segundo, fazendo com que as fases de evolução da vida percam o sentido, potencializando apenas o instante presente, sem dar valor à construção de uma relação ou de uma história de vida, considerando o passado, o presente e o futuro.

Percebo também a necessidade de atualização e de aprendizado por parte dos pais, a fim de lidarem melhor com as relações estabelecidas pela tecnologia para, então, poderem ajudar seus filhos no manuseio da internet e das redes sociais.

A fim de ilustrar a temática, relato um outro caso, este de um menino de 9 (nove) anos, cuja queixa de seus pais era a ansiedade da criança, que só conseguia dormir com as luzes do quarto acesas, mas, antes de ir para a cama, passava a noite seguindo os passos da mãe e roía as unhas até sangrarem.

Estávamos eu e a criança jogando um jogo real e perguntei-lhe qual era o seu jogo preferido. Ele respondeu que era o *Minecraft* e pediu para instalar no meu *Ipad*. Após eu dar permissão, nós começamos a fazer as construções inerentes ao jogo e, de repente, o paciente cavou covas e enterrou pessoas mortas em seus túmulos.

Eu interrompi imediatamente o jogo e perguntei como ele se sentia ao fazer esses enterros virtuais. A princípio, ele respondeu ser "de boa", mas, posteriormente, disse que precisava fazê-lo para poder passar de fase.

A criança relatou sentir medo quando fazia os "enterros", mas que isso fazia parte de um jogo muito legal. O paciente fingia para os amigos ser corajoso, a fim de ser aceito entre eles.

Percebi haver um potencial de criatividade e de construção no jogo, mas que ele também estimulava a ansiedade. Mostrei para a criança que era inevitável sentir medo naquela situação; ressaltei que seus amigos provavelmente sentiam o mesmo medo que ele, mas não o demonstravam.

Sugeri que o garoto parasse de jogar esse jogo durante um tempo. Ele resistiu, pois seus pais liberaram um tempo do dia para que ele jogasse. Aos poucos, fizemos a experiência de ele jogar um dia sim e outro não, evitar situações de terror ou medo e também não jogar próximo à hora de dormir. Além disso, orientei aos pais que supervisionassem o filho nos momentos de jogo.

Quase imediatamente a criança passou a permitir que os pais apagassem as luzes do quarto para ela dormir, bem como parou de roer as unhas. Ficamos todos surpresos quanto aos malefícios que esse jogo desencadeava nessa criança.

Considerações finais

Notamos que a banalização da vida, situação experimentada nos jogos *on line*, pode influenciar tanto uma criança quanto um jovem a experienciar o jogo virtual como uma realidade ameaçadora ou destrutiva do ponto de vista psicológico. Assim, matar ou morrer passa a ser uma brincadeira na vida. Cabe a nós, psicólogos, esclarecermos aos pais que supervisionar o uso da internet apenas quanto ao consumo de pornografia, tal como antes, já não se mostra mais suficiente.

Marta Resende Cardoso (2011), em seu livro intitulado *Adolescentes*, conclui que, por ser a internet instituída socialmente, ela apresenta um significado simbólico e pode desenvolver a função da construção de subjetividade, quando a pessoa se apropria da mesma a partir de sua própria história.

A mudança nos enquadres de atendimentos no consultório também se impõe em decorrência do avanço tecnológico. A importância de nós, como profissionais, permitirmos o acesso da criança ou do jovem à internet, sob nossa orientação, aproxima-nos do mundo virtual no qual eles estão inseridos.

Nessa nova era, a necessidade de haver cuidado e atenção em relação ao uso da tecnologia pelas crianças e pelos jovens passa a ser papel relevante a todos, a nós, psicólogos, e também aos pais.

Referências

Dunker, C. (2017) *Reinvenção da intimidade: políticas do sofrimento cotidiano*. São Paulo, SP: Editora Ubu.

Cardoso, M. R. (Org.). (2011) *Adolescentes*. São Paulo, SP: Editora Escuta.

Twenge, J. M. (2018) *iGen: por que as crianças superconectadas de hoje estão crescendo menos rebeldes, mais tolerantes, menos felizes e completamente despreparadas para a idade adulta*. Tradução Thais Costa. São Paulo, SP: nVersos.

SOBRE OS AUTORES

Amnéris Maroni

É Professora Doutora do Departamento de Antropologia da UNICAMP. Publicou vários livros, dentre os quais constam *Jung: o poeta da alma* (1998); *Figuras da imaginação: buscando compreender a psique* (2001); *Eros na passagem: uma leitura de Jung a partir de Bion* (2007); *Fotografando o invisível* (2017). Também publicou vários artigos em revistas especializadas da área de psicanálise e psicologia analítica.

e-mail: amneris@plugnet.com.br

Claudia Romcy

Graduada em Pedagogia pela Universidade Estadual do Ceará e graduada e em Psicologia pela Universidade Presbiteriana Mackenzie. Trabalhou na Ong Novos Horizontes: atendimento às meninas da Fundação Casa. Psicóloga clínica, atende crianças, jovens e adultos no consultório particular. Trabalha com técnicas da Arteterapia e do *Sandplay*.

e-mail: clauromcy@hotmail.com

Cristiane Adamo

Analista membro do IJUSP, da AJB e membro da International Association for Analytical Psychology (IAAP) em Zurique. Faz parte da Equipe de Psicologia do Programa de Esquizofrenia (PROESQ) da Universidade Federal de São Paulo (UNIFESP). Pesquisadora e mestranda no programa de pós-graduação da Pontifícia Universidade Católica de São Paulo (PUC-SP).

e-mail: cristiane.adamo@gmail.com

Daniela Laskani

Psicóloga Clínica e Arteterapeuta. Analista em formação pelo Instituto Junguiano de São Paulo (IJUSP), filiado à Associação Junguiana do Brasil (AJB) e à International Association for Analytical Psychology (IAAP).

e-mail: daniela.laskani@yahoo.com.br

Denis Canal Mendes

Analista didata do Instituto Junguiano de São Paulo-IJUSP da Associação Junguiana do Brasil-AJB & International Association for Analytical Psychology-IAAP (Zurich). Psicólogo, Mestre em Psicologia Clínica-PUCSP, Especialista em Saúde Mental–SES e Professor dos Cursos de Pós-Graduação em Psicoterapia Junguiana-UNIP e em Psicologia Analítica-UNIFENAS.

www.deniscanalmendes.com.br

Irene Gaeta

Psicóloga, Doutora em Psicologia Clínica pela PUC/SP. Mestre em Gerontologia pela PUC/SP. Analista didata do IJUSP /AJB; filiada à International Association Analytical Psychology (IAAP/Zurich). Professora do curso de Psicologia da PUC-SP. Coordenadora da Pós Graduação em Psicoterapia Junguiana, Psicogerontologia e Terapias Corporais da Universidade UNIP/SP Paulista. Coordenadora do NAPA (IJUSP) e do Depto Arte e Psicologia/AJB. Autora de Livros.

e-mail: estudosjunguianos.irenegaeta@gmail.com

Luciana Ximenez

Psicóloga clínica, especialista em psicopedagogia, mestre em estudos junguianos pela PUC-SP, analista em formação pelo IJUSP, AJB e IAAP. Trabalha com atendimentos de adolescentes e adultos desde 2000.

e-mail: luximenez72@gmail.com

Marcus Quintaes

Psicanalista Junguiano, coordenador de seminários sobre a Psicologia Arquetípica de James Hillman e o pensamento Pós-Junguiano no Rio de Janeiro e São Paulo. Membro fundador do coletivo LAPA: laboratório de psicologia arquetípica. Editor associado do International Jounal of Jungian Studies. Autor do livro "Letras Imaginativas: breves ensaios em Psicologia Arquetípica", editora Paulus.

e-mail: mvquintaes@gmail.com

Paola Vieitas Vergueiro

Paola é psicóloga (PUC-SP), especialista na abordagem junguiana (COGEAE), arteterapeuta (AATESP), mestre em Distúrbios do Desenvolvimento (Mackenzie) e doutora em Psicologia Clinica (Núcleo de Estudos Junguianos da PUC-SP). Analista formada pelo IJUSP/AJB/IAAP atua como psicoterapeuta, docente em pós-graduações, orientadora, supervisora e tem diversos trabalhos publicados.

e-mail: paola.vv@hotmail.com

Paula Perrone

Psicóloga, doutora e mestre pelo Instituto de Psicologia da USP, analista didata do IJUSP e da AJB e membro da IAAP. Docente do Curso de Especialização em Psicologia Analítica da UNICAMP. Fundadora do Instituto de Psicologia Analítica da Bahia. Autora de artigos e do livro *Existências fascinadas: individuação e história de vida* (Annablume/ FAPESP 2003), organizadora do livro *Ideias e afetos: a clínica dos complexos* (Sattva, 2018), *autora de artigos publicados.*

e-mail: paulaperrone1@gmail.com

Rubens Bragarnich

Psicólogo, especialista em Psicologia Clínica pelo CRP, analista didata da AJB/IAAP e IAJS.

Professor, supervisor, ensaísta e articulista. Trabalha em consultório privado em São Paulo.

e-mail: bragarnich@uol.com.br

SATTVA
EDITORA

contato@sattvaeditora.com.br
www.sattvaeditora.com.br